中国が急進する中での日本の東南アジア外交

——フィリピン、ラオスの現場から——

装丁／中村　聡

目次

はじめに――日本の影響力・プレゼンスの維持・向上のために

筆者は、二〇〇四年九月、その夏から一年間ASEAN議長国となったラオスに日本の大使として赴任し、同年十一月にラオスで開催されたASEANプラス3（日中韓）首脳会議等に出席される小泉総理のご来訪をお迎えした。翌年初夏からは、国連安全保障理事会の常任理事国入りを目指す日独印ブラジルのいわゆるG4決議案に対する支持をラオス政府からとりつけることが最重要課題となった。隣のベトナムやカンボジアには町村外務大臣（当時）自身が訪問され、フィリピン等には川口前外務大臣（当時）が特使として派遣される中で、七月のASEAN拡大外相会議まではラオスには政治レベルは誰も訪問されなかったので、それまで筆者は、現地に常駐する大使としてラオス政府説得の責を一人で負うこととなった。ソムサワート外相はもとより、小泉総理の親書を携行してブンニャン首相も訪問し、支持獲得に努めた。

残念ながら同決議案は、全世界で中国が反対工作を展開したこと、アフリカ諸国との決議案の一本化が不調に終わったこと、米国も日本が常任理事国になることには賛成であってもG4決議案には賛成でなかった（米国は、常任理事国をG4決議案のように6も増やすこと等に賛成でなかった）ことから国連総会の三分の二の賛成を得られる見通しを得られず、同案は取下げられ投票に至らなかった。

ここで、日本はASEAN諸国には多大のODAを供与してきたのに、同決議案の共同提案国になってくれる国がＡＳＥＡＮから出なかったことが、日本国内で問題となった。しかし、共同提案国にはなってくれなかったものの、仮にＧ４決議案が投票に付されたら、ラオスはベトナム等とともに、賛成票を投じてくれたものと思われる。中国が激しくＧ４決議案に反対工作をする中で、そこまで持って行けたのは、やはり、日本の対ラオスＯＤＡが効いていたからである。逆に、ラオス等が共同提案国にならなかった背景として、中国への配慮があったことは確実と思われる。

　即ち、ラオスは一九九〇年代から、日独印の常任理事国入りへの支持を表明しており、筆者の着任直後の二〇〇四年秋の国連総会でもソムサワート外相がその趣旨の代表演説を行っていたし、二〇〇五年三月に両国の外交関係樹立五〇周年を祝った際には、同外相が祝賀メッセージの中で、日本の常任理事国入りへの支持を再確認する旨を公表してくれたが、初夏に至って「Ｇ４決議案には賛成するが、『他の友好国』との関係があるので共同提案国になることは勘弁してほしい」との立場をとるようになったのである。

　ここで、ラオスと中国は隣国であり、またベトナム、北朝鮮、キューバとともに世界で五カ国だけとなった社会主義体制の国であることの他に、中国の対ラオス援助[注]が効いた要素が大きい。ラオスでは伝統的に、日本がＯＤＡのトップドナーであるが、中国も対ラオス援助を急速に拡大している。要するに、日本のＯＤＡも中国の援助も、それぞれ逆向きにラオスに対し効果を上げたのである。

二〇〇五年当時の国連安保理常任理事国入りに関する決議案への賛否の場合のように、日中が世界各国を全く逆方向に引っ張りあうと言った具体的事案は、その後顕在化していないが、いずれにせよ、近年、財政上の困難ゆえに、日本のＯＤＡが大幅に縮小されてきたことは全く残念であり、世界における日本の影響力・プレゼンスを維持する上で危機感を覚える。

筆者は、二〇〇七年九月にフィリピンに転勤したところ、ここでも、日本のＯＤＡが大きな効果を発揮していることを確認できたが、中国も対フィリピン援助を拡大している。以前のフィリピンでは、安全保障面での同盟国である米国、ＯＤＡのトップドナーであり貿易・投資面で大きなプレゼンスのある日本の両国が、主要パートナーだったが、中国の影響力が相当伸長し、二〇〇一年に発足したアロヨ政権時代から、「フィリピンに決定的な影響を与えるのは、中国、日本、米国とその間の関係」と言われ始めた。三国の中で米国が最後になっていることから、アルファベット順に並べたものと思われる。

二〇一〇年五月に大統領選挙で当選確実となったアキノ氏を各国大使が先を争って表敬した際には、先ずは米国大使が表敬、翌週同日に筆者（六一ページの写真参照）と中国大使がそれぞれ表敬、その後暫くおいて、欧州の大使やＡＳＥＡＮの大使がそれぞれグループで表敬といった順番で受け入れられた。

勿論、日本が中国をライバル視することは適当ではないし、日本は、そのような政策は有していない。そもそも中国との間では、戦略的互恵関係を構築することが日本の国益に適うものと筆者は考える。しかし中国の方は、アジア太平洋地域や世界での日本の影響力・プレゼンスを増加させないことが中国の国益に適うと考える傾向があるのではないか。そうでなければ、あれ程まで日本の国連安保理常任理事国入りに反対することはなかったであろう。イタリアがドイツの、パキスタンがインドの常任理事国入りを阻止しようとするのは、自国が常任理事国入りする可能性がないのにライバルが常任理事国入りするのが嫌なのであり、それなりに理解できないことはない。しかし中国の場合は、自国は既に常任理事国になっているのであって、それにもかかわらず日本の常任理事国入りをあれ程まで阻止しようとしたのは尋常ではないと筆者には思われた。

さて、ＡＳＥＡＮとの貿易・投資の関係については、日本からのＯＤＡによりインフラ等が整備される中で、日本の企業が工場を移転し、日本から輸入した部品等を組み立て、当該国内で販売したり、輸出したりする直接投資が盛んであり、当該国の雇用拡大に大きく貢献している。製品を輸出する場合には、外貨獲得にも大きく貢献している。

日本は、そのようなＯＤＡや貿易・投資の拡大を基盤として、ＡＳＥＡＮにおいて長年にわたり積極的な外交を展開し、これら諸国の政府、国民から親日的な対応、協力を引き出すことに成功してきた。

他方、この地域における中国の進出は近年目ざましく、日本の影響力・プレゼンスが相対的に低下することが懸念されている。筆者は、そのような状況下で、ラオスに三年、引続きフィリピンに三年七カ月、日本の大使として在勤し、日本の影響力・プレゼンスの維持・向上のために日々努力してきたつもりであるが、日本では、フィリピン事情や日フィリピン関係に関しては否定的側面が報じられることが多く、バランスのとれた認識をもって頂くことが難しいように思えた。更に、ラオス事情や日ラオス関係については、日本国内では殆ど知られていないと思われる。また、グループとしてのＡＳＥＡＮ全体と日本との関係もあまり知られていない。

このような観点から、本書は、フィリピンやラオスにおける日本、中国、米国等の影響力・プレゼンスについての筆者の見方や、筆者が現地でかかわった日本の外交努力を記し、更にＡＳＥＡＮ全体と日本との関係も解説したものである。なお筆者は、二〇一一年四月末にフィリピンを離任したが、南沙諸島を巡る問題等、その後も展開が見られる件については、引続き東京からフォローしているので、これらの展開も書き加えた。またミャンマーが民主化に向かい、日本が他の東南アジア諸国に対して行ってきたのと同様の対応をできるようになるとの画期的な状況となってきたことから、この関係の展開も書き加えた。おわりに、東南アジアでの在勤に基づいて筆者が抱いた問題意識、留意すべきと感じた点等のうち、それまでの部分で触れなかったものを五点ほど記した。そのうち最初の四点は、中国に関係するものである。

なお筆者は、二〇一一年五月に退官しており、本書に記した分析・評価や意見は、全く個人的なものであることを念のため申し添える。

注　ODAについては、援助国（ドナー）の政策調整機関であるOECDの開発援助委員会（DAC）の定義があり、例えば、借款については、年利等を勘案して、一定の基準を満たすもののみがODAと認識されることとなっている。中国は、そもそもOECDに加盟しておらず、中国の借款については、年利等の点で、OECD・DACの基準に照らして、ODAと見なし得るものなのか不明である。よって、中国の「援助」については、本書では「援助」とし、「ODA」とはしていない。

一、フィリピンにおける戦後の反日感情の強さと、現在の親日度の高さ

⑴第二次大戦に起因するフィリピンの反日感情

日本では殆ど知られていないが、第二次大戦によって、当時二〇〇〇万人弱であったフィリピン人のうち約一一〇万人が亡くなったと言われるほど、フィリピンは激戦地であった。また十九世紀末の米西戦争の結果スペインに代わった米国のフィリピン統治は、弾圧的ではなく英語教育等の点で恩恵的なものであったし、一九三〇年代から米国はフィリピンに「一九四六年になったら独立させる」と約束していた。従って「日本軍が米国を追い出したのでフィリピンが独立できた」という要素は皆無であり、多くのフィリピン人が米軍側に立って戦い、一九四六年に予定どおり独立したフィリピンにおける反日感情には激しいものがあった。

この中で、独立後第二代のキリノ大統領が、戦時中に妻子を日本軍に殺害されたにもかかわらず、一九五三年六月に服役中の日本人戦犯に特赦を与えており、七月には東京で、これに感謝する「国民感謝大会」が当時の吉田総理も出席して行われたことが特筆される。

いずれにせよフィリピンは、サンフランシスコ平和条約に署名しつつ、日本に賠償を求め、賠償協定の交渉は難航を究めた。同協定交渉が、日本が五・五億ドルの賠償を支払う等の内容で妥結し、協定が双方の議会の承認を得て発効し、外交関係が樹立されたのは、一九五六年七月になってからであった。

日本兵も約五〇万人がフィリピンにおいて戦死されており、戦後、慰霊碑を建てさせて欲しいとの要求が日本から出され、一九七〇年代に入ってマルコス大統領はこれを了承したが、フィリピン側から提供されたのは、激しい反日感情を考慮して、マニラから陸路三時間ほど南下したカリラヤという人里離れた丘の土地であった。この丘に、日本側の費用で「比島戦没者の碑」が建立され、一九七三年三月にマルコス大統領、岸信介フィリピン協会会長（元総理）も出席して除幕式が行われた。毎年八月十五日に、フィリピンで戦死された日本兵の方々を慰霊する行事が行われ、遺族代表の方々に加えて、日本の大使、マニラ日本人会会長等が参列する。フィリピン側も、大統領のメッセージを外務省の局長クラスが携行し、代読してくれる。この日の他にも随時、日本から慰霊団が来訪し、慰霊行事が行われる。筆者は、毎年八月十五日の慰霊の式に片道三時間かけて参列する度に、一九七〇年代初頭のフィリピン国民一般の旧日本軍に対する反感の強さに思いをはせたものである。

⑵現在のフィリピンの親日度の高さ

それが今では、フィリピンは親日度が最も高い国の一つとなっている。

英国BBC放送は、毎年春に世界の二十数カ国において関係機関に委託し、各国約千人から回答を求めて国際世論調査を行うところ、二〇一一年春の調査の結果として公表されたものを表の形で纏めたものが、次ページの表である。

この種の国際世論調査は他にもあるし、このBBCの調査が各国の世論をすべて正確に反映しているかについては議論があり得ようが、毎年BBCという機関が包括的に行っている調査として興味深いと思われるので、以下に詳述することとする。

この表の縦軸には、同年に本件世論調査が行われた世界の二七カ国の中から、中南米、中東等の一一カ国を紙面の関係で省略し、一六カ国を掲げてある。横軸には、評価対象となった一六カ国とEUの中から、南アフリカとEUを紙面の関係で省略し、一五カ国を掲げてある。この横軸は、日本を除き、評判が良かった順に左から右に並べ、縦軸は、日本を除き、親日度が高い順に上から下に並べたものである。

表の最下段の「平均」を見ると、その影響力を「主として肯定的に見る」との評価を受けた割合が一番高かったのはドイツ（六二％）であり、日本（五七％）は、英国（五八％）、

BBCの国際世論調査
主要各国の影響に対する評価（2011年）

○：肯定的、×：否定的　　　　　　　　　　　　（単位：%）

			評価される国														
			日本	独	英	加	仏	伯	米	中国	印	韓国	露	イスラエル	パキスタン	北朝鮮	イラン	注2
評価する国	インドネシア	○	85	65	69	45	60	50	58	63	42	51	33	15	39	32	35	
		×	7	17	14	19	14	18	25	18	26	23	42	68	28	38	40	
	比	○	84	64	70	83	53	60	90	62	37	56	35	31	14	31	15	
		×	12	28	21	11	29	32	7	31	53	38	52	55	79	57	79	
	米	○	69	76	80	82	56	60	64	36	56	53	38	43	12	7	6	
		×	18	11	10	7	25	21	29	51	29	32	41	41	75	86	87	
	韓国	○	68	82	85	84	82	68	74	38	66	84	47	31	21	3	12	
		×	20	10	8	5	7	19	19	53	22	9	41	54	65	95	81	
	加	○	67	69	69	79	56	53	40	35	50	46	37	23	11	4	7	
		×	16	12	13	9	17	16	47	49	22	30	38	52	67	81	79	
	伯	○	66	64	43	48	48	84	64	55	37	39	40	13	9	15	7	
		×	16	14	23	23	23	6	21	29	37	38	33	59	75	55	75	
	伊	○	66	89	78	74	68	55	62	30	61	34	41	28	12	14	6	
		×	18	4	12	5	18	28	24	56	24	45	45	45	70	62	85	
	露	○	65	68	48	51	58	37	38	52	47	26	77	35	9	18	13	
		×	7	5	10	6	4	5	31	18	5	23	4	17	38	34	40	
	豪	○	60	77	79	79	54	50	45	43	44	50	37	20	13	6	11	
		×	26	9	10	5	20	26	40	43	45	35	43	58	74	81	77	
	独	○	58	82	67	70	62	31	37	24	35	19	20	15	5	9	3	
		×	25	4	10	8	21	32	44	62	33	51	58	65	76	82	85	
	英	○	58	77	69	78	54	47	46	38	50	42	29	14	18	7	9	
		×	26	10	23	6	29	33	43	48	35	40	55	66	68	81	79	
	仏	○	55	84	66	81	68	60	46	26	39	41	29	18	10	8	8	
		×	29	9	24	7	18	25	40	64	49	47	58	56	77	78	82	
	印	○	39	37	40	29	37	29	42	25	77	19	58	21	11	13	27	
		×	13	19	28	13	21	21	28	52	6	23	18	18	68	21	28	
	パキスタン	○	34	22	14	17	21	21	16	66	16	19	14	6	40	11	41	
		×	15	19	33	18	19	14	46	10	39	18	32	49	17	22	13	
	中国	○	18	50	48	56	46	45	33	77	40	36	47	32	37	34	38	
		×	71	39	37	29	38	41	53	17	43	50	40	48	47	51	48	
	日本	○	39	37	37	38	31	28	36	12	31	33	10	4	6	1	4	
		×	9	4	3	1	4	6	11	52	7	11	38	44	37	91	51	
	注1																	
	平均	○	57	62	58	57	52	49	49	44	42	36	34	21	17	16	16	
		×	20	15	17	12	19	20	31	38	29	32	38	49	56	55	59	

注1：上記16ヶ国の他に中南米、中東等の11ヶ国でも行われたが、この表では省略。

注2：左記15ヶ国の他にEU、南アフリカも評価されたが、この表では省略。

カナダ（五七％）と並んで第二グループであった。これに仏（五二％）、ブラジル（四九％。表では「伯」との略字を使用）、米国（四九％）、中国（四四％）が続いている。ここで、中国、米国の影響力を主として否定的に見るとした者が、それぞれ三八％、三一％も居たのに対し、日本の影響力を主として否定的に見るとした者は二〇％であったことがわかる。

日本は、世界の中でこのように評判が良い国であることについて、慢心してはいけないが自信を持つべきであり、少なくとも、どのような国でどのように評価されているかの傾向を知っておくべきである。

そこで、表の縦軸の一六カ国それぞれの日本の影響力に対する評価を、表の日本の欄の縦軸に沿って上から下に見ると、「主として肯定的に見る」とした者の割合が最も高かったのが、インドネシア（八五％）とフィリピン（八四％）であった。日本の影響力を「主として否定的に見る」としたインドネシア人は七％、フィリピン人は一二％であった。

これら両国に続いて日本の影響力を肯定的に見る者が多かった国として、米国（六九％。否定的に見る者は一八％）、韓国（六八％。否定的に見る者は二〇％）、カナダ（六七％。否定的に見る者は一六％）、ブラジル（六六％。否定的に見る者は一六％）等が続いている。日本の影響力を肯定的に見る者が、中国のみにおいて非常に少なく（一八％）、否定的に見る者が非常に多かった（七一％）のは、残念ながら予想どおりであろう。

それではフィリピン人は、日本以外の国の影響力を如何に評価しているかというと、表の「比」の横軸の欄を見ると、米国の影響力を肯定的に見る者が九〇％（否定的に見る者は七％）も居り、日本の影響力を肯定的に見る者（前記のとおり八四％）よりも多く、日本の次に、カナダ（八三％）が続いている。このように、フィリピンにおいては日本に対する評価が中国に対する評価より相当高いが、前記のとおり、これは他国においても同様であり、特に欧米や韓国、インドにおいては、中国の影響力を否定的に見る者の方が肯定的に見る者よりも多かったことが、表の中国の縦軸の欄を見ると判明する。

この二〇一一年春における調査結果を二〇一〇年春の結果と比較して見ると、フィリピンでは、日本の影響力を肯定的に見る者が、二〇一〇年の七七％から前記のとおりの八四％に増加している。インドネシアでは、二〇一〇年の七一％から前記のとおりの八五％に増加、米国では、二〇一〇年の六五％から前記のとおりの六九％に増加している。逆に中国においては、日本の影響力を肯定的に見る者は、二〇一〇年には二九％であったが、二〇一一年には前記のとおりの一八％に減少しており、否定的に見る者は二〇一〇年においては四七％であったのが、二〇一一年には前記のとおりの七一％に増加している。中国において二〇一〇年春から二〇一一年春にかけて反日感情が更に高まったことが明らかとなる。

なお前記のとおり、ＡＳＥＡＮ諸国中、フィリピンとインドネシアにおいて二〇一〇年と二〇一一年に連続して本件調査が行われたが、この二年については、他のＡＳＥＡＮ諸国に関しては、タイで二〇一〇年に行われたのみであった。タイにおける二〇一〇年の調査では、日本の影響力を肯定的に見る者は六六％、否定的に見る者は二〇％、米国については肯定的四九％と否定的三五％、中国については肯定的四五％と否定的四四％であり、タイでは日米中の中で日本が最も評判が良かったことになる。

二〇一二年も春に本件国際世論調査が行われたが、フィリピンでは行われなかったので、二一ページのような表は作成していない。ただ、同年には、全体では日本がドイツを抜いて、「主として肯定的に見る」との評価を受ける割合が一番高い国となったこと（日本に対する肯定的評価が五八％、否定的評価が二一％）、この中で、韓国における日本の肯定的評価が前年の六八％から三八％、否定的評価が前年の二〇％から五八％となり、大幅に対日感情が悪化したことを紹介しておきたい。

中国における日本の評価は、肯定的が二〇一一年の一八％に対して一六％、否定的が七一％から六三％と、非常に悪いまま、あまり変化していない。日本における中国の評価も、肯定的が二〇一一年の一二％に対して一〇％、否定的が五二％から五〇％と、非常に悪いまま、あまり変化していない。二〇一三年の調査では、日中双方において、相手国への感情が更に悪化したことを示す数字が出るのではないかと想像される。なお、二〇一二年の米国における中国の評価は、肯定的が二〇一一年の三六％に対して四二％、否定的が五一％から四六％と多少良くなってきているが、それでも、否定的とする者の方が多い。これに対し、米国における日本の評価は、肯定的が二〇一一年の六九％から七四％に上昇し、否定的は一八％のままであった。なお、中国における中国自身の評価が、肯定的が二〇一一年の七七％に対して八六％、否定的が一七％から五％となり、益々自信を持ち、「愛国主義的」傾向の世論となってきたことが窺われる。

さてフィリピンに話を戻すと、二〇〇八年に日本の外務省がシンガポールの世論調査会社に委託した、ASEAN六カ国（ASEANを設立したインドネシア、フィリピン、タイ、マレーシア、シンガポールにベトナムを加えた六カ国）での世論調査でも、「現在重要なパートナーは何処か一カ国をあげよ」との質問に対し、フィリピンでは、四五％が米国、三三％が日本、九％が中国、「今後重要なパートナーとなるのは何処か一カ国をあげよ」との質問に対しフィリピンでは、三三％が日本、二六％が米国、一五％が中国を挙げており、このような対日重視度の高さは、ＡＳＥＡＮ六カ国の中で、フィリピンが最高であった。

(3)日本外交へのフィリピンの協力

フィリピンでは世論と同様に、また世論を反映して政府も親日的であり、日本の国連安保理常任理事国入りを支持し続けているし、下院は二〇〇四年九月に「日本は常任理事国となるべし」との決議を全会一致で採択している。[注1] 世界の多くの国の政府が日本の国連安保理常任理事国入りを支持し続けてくれているが、議会がこのような決議を行った国は、世界でフィリピンだけと思われる。

その他の日本の重要外交案件についても、北朝鮮人権問題につき、二〇〇七年一月にセブ（フィリピン中部の主要都市）でＡＳＥＡＮプラス３首脳会議及びＥＡＳ（東アジア・サミット）が開催された際、アロヨ大統領（当時）が議長声明の中で関係国の反対を押し切って「拉致」の語に言及する等、[注2] 日本に協力的である。

ここでは詳述できないが、日本人が国際機関の事務局長に立候補する等の際にも、貴重な一票を投じてくれている。

注1　二〇〇四年九月二二日のフィリピン下院決議の主要部分は、筆者の和訳によれば以下のとおり。

「(冒頭略)フィリピン下院は、以下の理由で、国連安全保障理事会の常任理事国になりたいとの日本の要求は、完全に正当化できるものと信じる。

(1)日本は、アジア太平洋の力の均衡の鍵の一つであり、この半世紀にわたって中国、米国との三カ国の関係が東アジアの安定を保ち、地域経済の平和的発展を可能にしてきた。日本は、G8のメンバーであることを通じて、世界経済の安定を保つ力でもある。

(2)日本経済は世界第二位であり、国連やWTOが豊かな国と貧しい国の間の貿易関係に存在する不平等を解消する努力を払おうとするに当たって、日本の参加と支持は、不可欠である。

(3)フィリピンのような開発途上国にとって、日本は、貿易、投資及び革新的な技術の面で、主たる源泉である。ASEANと中国を含めた東アジア諸国にとって、日本は、ODAの指導的な源泉でもある。

(4)日本は、特別な連携協定を通じて、特に東南アジア諸国経済にとって、より一層重要な開発主体となることを約束している。日本政府は、環太平洋諸国の間の地域的不平等を減少させ、地域的協力を刺激することに重点を置く、東アジア開発のイニシアティブを打ち上げたところである。

(5)既に日本は、国連予算への主たる貢献者であり、また、内戦が始まってしまった諸国への寛大な支援プログラムや安保理が承認した平和維持活動に対する自衛隊のコミットメントの増大を通じて、国連の平和維持活動において主要な役割を果たしている。日本が常任理事国となれば、これらの平和維持活動に対する日本の継続的な参加を国際社会が頼りにすることが可能になるであろう。

よって、下院は以下のとおり決議する。

下院は、日本が安保理の常任理事国になりたいとする要求を支持することを、日本政府に対し正式に伝える。

フィリピン政府は、この支持表明を、国連代表を通じて国連総会に伝えるべきである。

（以下略）」

注2　二〇〇七年一月のセブでのＥＡＳ（東アジア・サミット）でのアロヨ議長声明の「朝鮮半島の非核化」と題する部分の関連部分（筆者の和訳）は、以下のとおり。右横に棒線を付した箇所が、日本の要求をフィリピンが認めて、関係国の反対にかかわらず追加したもの。

「（冒頭略）我々は、北朝鮮（ＤＰＲＫ）が、更なる核実験を行うことを慎み、二〇〇五年九月一九日の共同声明を完全に履行するための具体的かつ効果的な措置をとることを要請し、また、ＮＰＴ（核不拡散条約）に早期に再加盟するよう要請した。我々はまた、国際社会の安全保障及び人道上の懸念に積極的に対処するよう北朝鮮（ＤＰＲＫ）に要請した。これらには、北朝鮮（ＤＰＲＫ）における食料、医療その他の人道的サービスの深刻な不足、及び拉致問題が含まれる。（以下略）」

考えられる。

⑷誠意ある謝罪と和解の精神、基本的価値観の共有、人的交流の深さ

激しい反日感情が、このように強い親日感情に変わった原因としては、幾つかの要素が考えられる。

まだ反日感情が強く残る中で、一九六二年一一月に行われた皇太子同妃両殿下（現在の天皇皇后両陛下）のフィリピンご訪問は、対日感情を好転させる上で、大きな契機となったと言われている。なお、この時のフィリピンの大統領は、アロヨ前大統領の父である故マカパガル大統領であった。一五歳であったアロヨ前大統領も、皇太子同妃両殿下（当時）の歓迎宴に出席した由である。

スペインの植民地であった関係で、フィリピン人の九割近くがカトリック教徒（プロテスタント教徒も含めれば九割以上がキリスト教徒）であって、過去に起因する憎悪を深く持ち続けるよりも、過去に拘泥せず、現在を楽しむという「ラテン的」国民性も、対日感情の好転に影響しているのかもしれない。

しかし筆者は、日本が戦争中に旧日本軍が与えた損害に対し誠意をもって謝罪してこなければ、これほどまでの対日感情の好転は困難であったと考える。

筆者が一回目のフィリピン在勤を次席公使として行っていた一九九五年は、戦後五〇周

年を迎えるという、日本のアジア外交にとって難しい年であったが、その夏に出された村山総理の談話[注]は、誠意ある謝罪の代表的な例である。フィリピンでは、日本の大使が、年二回このような謝罪を行っている。即ち、一九四四年一〇月二〇日のマッカーサーのレイテ島上陸を記念する式典が、毎年その日に上陸の現場で行われるところ、筆者を含む代々の日本の大使は、スピーチの中で第二次大戦中に旧日本軍が与えた損害に対し、衷心からの謝罪と心からの反省の意を表明してきた。勿論その直後、日本の大使は、戦後、日本が平和愛好国家として生まれ変わったことを強調する。更に筆者は、日本が最大のＯＤＡ供与国としてフィリピンの国造りを助けるに至っていることもスピーチの中で広報してきた。フィリピン政府からは、大統領、国防相又はその代理が出席し、レイテの戦いに関与した日本、米国、カナダ、豪州、ニュージーランドの大使が招待されるが、式典での国旗掲揚等すべての面で、これら五カ国が当時の敵味方に分けられることなく、全く同等に扱われる。

　この式典は、実際に上陸が行われた海岸にマルコス大統領が建てた、マッカーサー等の銅像の前で行われるが、同じ公園内の少し離れた場所に、一九九四年にラモス大統領（当時）が建てた塔があり、その周囲には、同大統領の要請を受けて、村山総理が「永遠の平和」と揮毫された銘板をはじめ、米国、中国、韓国、仏、英等の当時の大統領等から揮毫された同様の銘板が塔を囲む形で配置されている。ラモス大統領の銘板には、レイテの戦いの五〇周年を記念する際の精神として「和解」が「平和」、「友好」、「経済協力」の前に第一に掲げられている。筆者は、この式典に出席する度に、フィリピンが和解の精神をもって戦争の歴史に対処してくれていることは、日本にとってありがたいことであると痛感し、ラモス元大統領と会う度に謝意を表明してきた。

日本の大使は毎年、いわゆるバターンの死の行進記念式典にも参加する。バターンの死の行進とは、一九四二年四月に、旧日本軍がバターン半島で捕らえた米比軍の捕虜を、捕虜収容所まで約一二〇キロの道を食料、水不足の過酷な状況の中で歩かせ、多数がその途次、虐待や栄養失調のために死亡したというものである。祭日の正式名称は「死の行進」とすることが避けられており、Araw ng Kagitingan と称されるところ、これは日本語に訳せば「武勇の日」であり、バターンでの戦闘を記念して勇敢さを讃える日とされている。毎年四月九日前後にバターン半島の現地でこの式典があり、原則として毎年大統領と日米の大使が出席し、レイテの式典と同様の趣旨の挨拶を日本の大使が行う。式典での国旗掲揚等すべての面で、日米が全く同等に扱われるのは、前記のレイテの式典と同様である。

筆者が日本の大使として四回目かつ最後に出席した二〇一一年四月九日の式典では、前年に就任し、この式典に初めて出席したアキノ大統領が、次のとおり、日本に好意的なスピーチをしてくれたことに印象づけられた。即ち大統領は、「今日のフィリピンの発展は、特に米国と日本の支援がなければ、成し得ることができなかった」、「三世代前には、三カ国は紛争の中にあったが、それ以後は、フィリピンにとって米国と日本以上の友好国は無かった（no greater friends than the U.S. and Japan)」、「日本は災害に対処するための技術を供与する等、フィリピンが経済発展を遂げるための重要なパートナーである」、「仮に我々の安全と主権が脅かされれば、両国は、我々を支持してくれる（stand by）と確信している」等述べた次第である。なお大統領が前記発言の中で日本のＯＤＡのうち特に災害対処に関するものに言及したのは、たまたま前日、大統領と筆者が、日本のＯＤＡによって建設された災害対処に関するプロジェクト（洪水を予知する警報システムをマニラ北方のパンガシナン州に設置したもの）の完成式に出席したためと思われる。

戦後五〇周年を迎える頃大きな問題となった慰安婦問題に触れると、この問題も大戦に起因する他の損害の問題と同様、サンフランシスコ平和条約、関連の賠償協定等によって解決済みというのが、日本政府の立場である。しかし、何もしないという訳ではなく、当時の村山内閣の主導により、日本国内に官民合同で「アジア女性基金」が設立された。この基金に対し申請を行い、当該国政府から認定された慰安婦の方々一人一人に、日本国民からの募金を財源とする償い金二〇〇万円と総理からのお詫びの手紙が手渡され、また日本政府の予算で、一人当たり一二〇万円相当の医療福祉支援事業が実施された。

これによって慰安婦問題を解決することを、フィリピン政府ほか関係国政府に対し、アジア女性基金関係者、日本の政府、外務省、現地の日本大使館等が説明し、フィリピンでは当時のラモス大統領の理解と協力が得られ、前記の措置が実施された。

今でも、これを不満とする関係団体がない訳ではなく、このアジア女性基金による解決では不足とする趣旨の決議案が下院に提出されたことはあるが、筆者や大使館員は、関係議員に対し、圧力をかける訳では決してなく、前記の総理のお詫び状や償い金等の事実関係を説明し、決議の採択を思いとどまってもらっていた。筆者はこの関係で、下院議長、副議長、外交委員長等を大使公邸での夕食会に招待して前記の説明をする中で、「自分は戦後生まれであるが第二次大戦中に旧日本軍が与えた損害に対し衷心から申し訳ないと考えている。これを毎年二回公式の行事の中で表明している」旨を述べたところ、後日その中の下院議員から、夕食会への招待に感謝するとともに、日本側の誠意を理解できたので今後協力したいとする書簡を得たことがある。

日本とフィリピンが、自由、民主主義、人権尊重といった基本的価値観を共有していること、南シナ海を共通のシーレーンとしながら両国間で領土問題を抱えていないこと等も、フィリピンが親日度の最も高い国の一つとなった理由と考えられる。

更に、特にフィリピンから見た場合の人的交流の深さも、親日度の高さに貢献していると考えられる。即ち、二〇一一年に外国人登録を行った日本在留の外国人約二〇八万人のうち、約三二・五％の中国人（台湾人を含む）、約二六・二％の韓国・朝鮮人、約一〇・一％のブラジル人に続き、フィリピン人も約一〇・一％と四位を占め（次は約二・五％のペルー人、約二・四％の米国人）、東南アジア出身者としては飛び抜けて多かった。フィリピンは、人口の約一割に相当する約九四五万人（二〇一〇年一二月現在。フィリピン外務省調べ）の海外出稼ぎ労働者を出しており、その中では、日本に出かけた者の数は約二九万人と多くないが、これらの者が日本からフィリピンに送金する金額（二〇一一年に約九・一億ドル。なお全世界からの送金額は、約二〇一億ドル）は、米国（約八四・八億ドル）、カナダ（約二〇・七億ドル）、サウディ・アラビア（約一六・一億ドル）、英国（約九・六億ドル）からの送金に続き、第五位であった。なお、第六位はアラブ首長国連邦（約八・八億ドル）、第七位はシンガポール（約七・九億ドル）、第八位はイタリア（約五・五億ドル）であった。

二〇〇八年に日本の外務省がシンガポールの世論調査会社に委託した、ＡＳＥＡＮ六カ国での前記の世論調査において、「日本についての知識を得たのは、主としてどういうところですか。適当と思われるものを二つ選んでください」との設問に対し、フィリピンを含むどの国でも、「テレビ・ラジオ」、「新聞・雑誌・書籍等の出版物」が多かったのは当然であった。ここでフィリピンだけについて顕著だったのは、「親戚・友人・知人の話」、「日本人との交際」、「日本に滞在した経験」を選んだ者が、他国に比して飛び抜けて多かったことである。即ち、フィリピン人の場合、自分自身ないし自分の周辺に居る者が実際に日本を訪れたり、居住したりすることが多いということである。以前は「興行」という資格で入国、滞在したフィリピン人女性が非人道的な扱いを受ける等の不幸な例があったが、概して、日本に渡ったフィリピン人が日本や日本人に好感と敬意を持ち、経済的にも利益を得て帰国し、フィリピン全体の親日度を高めていることが看取される。なお、「興行」の査証について審査を厳格にしたため、二〇〇二年に七万四千七二九件であった「興行」目的のフィリピン人の新規入国者数は、二〇一一年には一千四〇七件と激減した。

注　村山総理の談話の関連部分は、以下のとおり。
「わが国は、遠くない過去の一時期、国策を誤り、戦争への道を歩んで国民を存亡の危機に陥れ、植民地支配と侵略によって、多くの国々、とりわけアジア諸国の人々に対して多大の損害と苦痛を与えました。

私は、未来に誤ち無からしめんとするが故に、疑うべくもないこの歴史の事実を謙虚に受け止め、ここにあらためて痛切な反省の意を表し、心からのお詫びの気持ちを表明いたします。また、この歴史がもたらした内外すべての犠牲者に深い哀悼の念を捧げます。」

(5) フィリピンへのODAの重要性

前記(4)で述べた種々の要因により、戦争に起因するフィリピンの反日感情は随分と和らげられたと思われるが、対日感情の好転に最大の効果があったのは、積年にわたる日本の対フィリピンODAであったと筆者には思われる。

前記(4)で述べたとおり、慰安婦問題をアジア女性基金により解決することに理解を示し協力してくれたラモス大統領の政権は、他の面でも非常に親日的であり、一九九五年に国連安保理の非常任理事国選挙に関し日本とフィリピン両国が一議席を巡って名乗りを上げる事態となってしまった時に、日本のために立候補を辞退してくれたことがある。ラモス大統領は、その決定を国民に説明する際に「日本にはODAによりフィリピンの国造りに多大の貢献をしてもらっているから日本のために辞退するのだ」との趣旨を公言した。一九九五年八月のことであった。当時、閣議のあとラモス大統領自らが記者会見を行う慣行があり、それがテレビ中継されるところ、大使館の次席公使であった筆者は、テレビを見ていてこの決定を知り、早速東京に電話連絡した。ＯＤＡは強い威力を発揮することを痛感した次第である。

日本が一九六〇年から二〇一〇年までに各国に供与した二国間ＯＤＡを支出総額の累積で比較すると、最大の受益国はインドネシア（約一一・四％）、第二位は中国（約九・九％）、第三位はフィリピン（約六・五四％）、第四位はインド（約六・五二％）、第五位はタイ（約五・三％）であり、受益国の人口を考えれば、日本がフィリピンへのＯＤＡを非常に重視してきたことが明らかである。

これをフィリピンから見ると、対フィリピン援助国・機関の中で、日本は圧倒的なシェアーを占めている。即ち、ＯＥＣＤ・ＤＡＣの統計によれば、二〇一〇年にコミット（約束）された無償資金協力、技術協力、有償資金協力を合わせたフィリピンへのＯＤＡのうち、日本からのものが約三八・七％を占めており、次がフランス（約一五・六％）、米国（約一二・五％）、国際機関（約一〇・九％）、豪（約八・三％）と続いている。なおフランスは、この年に特別に大型の案件を約束したものであり、それまでは、それほど多くなかった。米国は、安全保障上の同盟国としてフィリピンに対し軍事援助を行っているが、これはＯＤＡには含まれないので、ＯＤＡだけに関する米国の約一二・五％という数字は、米国の対フィリピン援助全体の大きさを反映していない。韓国については、二〇〇九年には、大きな借款を約束し、日本に次いで第二位のドナーとなったが、二〇一〇年は、豪州を下回った。中国については、ＯＥＣＤ・ＤＡＣに加盟していないこともあり、中国の援助はここには現われない。

また、フィリピン政府の統計によると、二〇一一年においてフィリピンが供与を約束された「借款」のうち、日本からが約三二・六％であり、これに世銀（約二九・六％）、中国（約一三・六％）、アジア開発銀行（ＡＤＢ。約八・六％）、フランス（約八・六％）が続いている（なお、米国はＯＤＡを借款の形では殆ど供与しない）。これは「借款」だけであって、無償資金協力、技術協力は含まれていない。逆に、この中にはＯＤＡとは見なされないような「借款」も含まれている。即ち、世界銀行、ＡＤＢのフィリピンへの「借款」は、商業借款よりも有利であるが、ＯＥＣＤのＤＡＣが定める基準に照らすとＯＤＡと言えるほど譲許性が高いものではない。中国の借款については、一五ページの注のとおり、条件が明らかになっていない。いずれにせよ、この「借款」においても、日本からのものが圧倒的であることがわかる。

日本の対フィリピンODAの中の大きな柱は、他のASEAN諸国に対するものと同様、インフラ案件である。マニラ、セブ等の主要都市の空港、重要な高速道路や橋、港湾等が次ぎ次ぎと日本のODAで整備され、国造りの基盤となってきた。

ここで重要なことは、そのようなプロジェクトが順調に実施され所期の効果を上げるだけでなく、それが日本のODAによるものであることが、受益国の国民、世論、指導者に十分認識されることであり、十分認識されていなければ、日本への好感や、日本の外交力に転化できないことになる。

筆者のラオス、フィリピンにおける計六年半余の重要な職務の一つは、日本のODAに関する合意文書の署名式を行ったり、日本のODAプロジェクトの完成式を行ったりすることにより、日本のODAの広報を行うことにあった。署名式の相手側は通常外相であり、完成式には大統領等が出席してくれるので、受益国政府も自国の新聞等で広報に努めるが、受益国政府は、自国民に対し、当該プロジェクトを自分の政府の努力の成果として広報する必要があり、反射的に、日本のODAであるとの点についての説明が薄くなる危険もある。従って、日本大使館側がこの点の広報に努める必要がある。その結果、筆者の三年七カ月にわたるフィリピン在勤中、そのようなODA関連の記事が現地の主要紙に数多く掲載され、そのうち筆者が登場した件数（同じ件が複数の新聞に掲載された場合には一

日本の ODA で建設されたマニラ北方の高速道路

と数える）は九六件、そのうち写真入りのものは六五件であった。これらの件数は、筆者が離任する際に大使館のフィリピン人スタッフが記念品として贈呈してくれた、新聞切り抜きのスクラップ・ブックに基づくものである。このように大使が出席するＯＤＡ関連の式典の他にも、大使が日程上出席できない場合に公使クラス等が出席するものが多数ある。

更に、あるプロジェクトが日本のＯＤＡにより完成したことを、半永久的に示すための工夫が重要である。筆者は、二〇〇八年四月に日本の円借款で完成したスービック（元米国海軍基地）・クラーク（元米国空軍基地）・ターラック（コラソン・アキノ元大統領の地元）を結ぶ約九〇キロの高速道路の主要料金所に、日本とフィリピンの国旗を配した大きな銘板を掲げてもらい、料金所を通過するすべての車に、日本のＯＤＡで完成したことを一目で理解してもらう工夫をこらした。前ページの写真は、そのうちの一つであり、表紙の写真も同じものである。

フィリピン人は、最大の援助国は米国であると思い込みがちであるが、軍事援助は別にして、ＯＤＡに限れば日本が圧倒的に最大の援助国であることは、長年にわたる日本大使館、ＪＩＣＡ事務所の努力により、政財界、マスコミ、地元の住民等に相当浸透したものと思われる。

(6)フィリピンへの投資の重要性

ＡＳＥＡＮ各国における日本の影響力・プレゼンスにとって、日本政府からのＯＤＡと並んで重要なのは、日本企業の直接投資である。特に日本の製造業が工場を労賃の安い外国に移す中で、フィリピンを始めとするＡＳＥＡＮ主要国には、多数の日本企業が工場を移し、多大の雇用を生み、また生産されたものを輸出するものにあっては多大の外貨獲得に貢献するに至り、当該国から高く評価されている。

フィリピンに対する日本の直接投資は、ＡＳＥＡＮの中でタイ、シンガポール、インドネシア、マレーシアに対する直接投資に及ばないが、フィリピンに対する外国からの直接投資全体に占める日本からの直接投資の割合は大きい。フィリピン政府の統計に基づいて二〇〇六年から二〇一一年までの六年間のフィリピンに対する外国からの直接投資（承認済みの額）を累積すると、日本からが約二五％、米国からが約一七％、韓国からが約一四％、オランダからが約一二％、シンガポールからが約七％等となっている。特に、日比経済連携協定（後記二．参照）が二〇〇八年一二月に発効した翌年の二〇〇九年には、日本からの直接投資が約五八％を占めた。

筆者は、このような関係の工場をできる限り実際に視察するように心がけたところ、次に幾つかの例を北から南への順番で挙げることとする。

筆者がアキノ大統領からの直接の勧めにより二〇一〇年八月に視察したのは、母の故コラソン・アキノ元大統領の実家の地元、ターラック市にあるルイシタ工業団地に進出した「インターナショナル・ワイヤリング・システムズ」（IWS社）の自動車部品の工場であった。自動車部品であるワイヤー・ハーネスについては、全世界の生産のうち矢崎総業㈱と住友電装㈱の日本の二社だけで全世界の生産の半分以上を占めている由のところ、IWS社は、住友電装㈱のフィリピンにおける子会社として一九九一年に設立されたものである。この工場だけで、全世界で生産されるワイヤー・ハーネスの約一％を生産している由であった。七名の日本人幹部の他、約五千二〇〇人のターラック市民を雇用しているところ、数年しか勤務しない社員も多いので、人口が約三十万人の同市の市民又はその家族の多くが、同工場勤務の経験を有していることになる。製品の約半分を日本、残りを米国、豪州等に供給している由であった。輸出特別加工区に進出した企業としての免税待遇等を得ており、順調に営業している由であった。

米国の空軍基地があったマニラ北方のクラークの工業団地に進出した日本の横浜ゴム㈱のタイヤ工場は、同社の外国に進出した工場の中で最大のものであったが、先般生産規模を年間七〇〇万本から一千七〇〇万本に拡張することとなり、日本にある工場も上回って、同企業グループにとって世界最大の工場となる由である。製品は輸出が中心で、輸出特別加工区に進出した企業としての免税待遇等を得て約一千九〇〇人を雇用している由である。

マニラから高速道路を一時間ほど南下した地域にある工業団地には、多数の日系企業が進出しているところ、その中で最大のものの一つは、トヨタ㈱、三井物産㈱とフィリピンの大手銀行メトロバンクとの合弁事業であるトヨタ・モーターズ・フィリピン社の工場であり、ここで生産された車はフィリピン国内で販売される。二〇一一年においては、三月の東日本大震災や一〇月のタイの洪水により部品供給が滞りフィリピンでの生産や販売にも悪影響を及ぼしたが、フィリピンで販売された全ての新車の約三三％がトヨタ車で、そのうち約五〇％がこの工場で生産されたものであった。約一千八〇〇人を雇用している由である。

同じ地域にある東芝㈱のエレクトロニクス関係の工場は、約一万人を雇用し、生産したＨＤＤ等を全量輸出している。そもそもフィリピンの全世界向け輸出の約六割がエレクトロニクス関連であるところ、この東芝の工場は、エレクトロニクス関連であるか否かを問わずフィリピンの全産品、全製品の全世界向け輸出の中で、一つの工場だけで最大の額の輸出を行っており、このうち約六割を中国に輸出している由である。

このように、フィリピンの中国向け輸出が伸びたと言っても、フィリピンに進出した日本の企業の工場が中国にある工場に部品を輸出しているものが相当含まれている点を、筆者はフィリピンの要人に強調してきた次第である。

セブ島のセブ市と逆側のバランバン町にある日系の造船工場ＴＨＩ（Tsuneishi Heavy Industry）は、日本の常石造船㈱とフィリピンのアボイティス財閥の合弁事業として一九九四年に設立された。年間二〇隻程度を建造し、日本人約八〇名を含め、約一万三千名を雇用している。二〇一〇年の一一月には、この工場で、フィリピンで建設された船舶としては最大の一八万トンの貨物船の命名式がアキノ大統領によって行われ、筆者も同行した。

ＡＰＥＣ横浜サミットに参加する直前の大統領に、日本の直接投資の大きさを印象づけたものと見られた。なおフィリピンは、この日系工場と、韓国の韓進（ハンジン）が米国海軍のスービック基地跡に建設した造船工場の存在ゆえに、韓国、中国、日本に続き、欧州諸国等を上回り、世界で第四番目の造船国となった由である。

セブ島の出島であるマクタン島の輸出特別加工区に進出した工場のほぼ半分が日系の工場であり、多数の雇用を創出し、外貨獲得に貢献している。セブは観光地として有名であり、日本や韓国等からの国際航空便がセブ空港に乗り入れているところ、同空港は、セブ本島ではなく、このマクタン島にあり、ここに進出した日系の工場は、空港での部品や製品の通関が円滑にできることに満足しているようであった。

ミンダナオ島のダバオ市には、戦前日本人が二万人も居住し、アバカ（マニラ麻）の栽培、生産に従事し、日本人小学校を有する等、隆盛を誇っていた。敗戦により状況が一変したが、ダバオに進出する日本企業もない訳ではなく、ココナッツ（椰子の実）の核から活性炭を製造し、世界各国に輸出している工場（ＰＪＡＣ〈Philippine Japan Active Carbone〉社）や、ミンダナオ島内で収穫されるマンゴー、パイナップルを冷凍食品に加工し日本に輸出するナカシン㈱（Nakashin Davao International,Inc.）の工場等が存在する。

筆者は、これらの工場の日本側責任者から異口同音に、「殆どすべてのフィリピン人は英語を話し、かつ性格的に温和であるので、コミュニケーションがとりやすいことを進出決定の際に考慮した」との説明を受けた。

このような日本の直接投資は、多大の雇用を創出し外貨を獲得するものとして、フィリピン政府から高く評価されており、毎年、貿易産業省の外局で輸出特別加工区を管理するＰＥＺＡ（Philippines Economic Zone Authority）が主催し大統領も出席する「多大の貢献をした投資家の表彰式」では、日本企業の代表のプレゼンスが大きい。前記のとおり米国の直接投資は日本を相当下回っており、中国のプレゼンスは殆ど感じられない。

(7)フィリピンの輸出、輸入とも日本が一位

両国間の輸出入のうち、このような直接投資と関係のないものもあるが、多くの輸出入は、日本からの直接投資に関係しており、例えば、フィリピンに進出した日本の工場が日本から部品を輸入し、また製品を日本に輸出する等の関係もあり、日比経済連携協定が二〇〇八年一二月に発効した後の二〇〇九年には、フィリピン政府の統計に基づけば、日本が米国を抜いてフィリピンの輸入元として一位となった。総額約四三一億ドルのうち日本からが一二・四％、米国からが一一・九％、中国からが八・八％、シンガポールからが

八・六％、台湾からが七・〇％、韓国からも七・〇％等であった。二〇一〇年も日本が輸入元として一位を維持した。二〇一一年には、米国が輸入元として一位になったが、日本からの輸入と殆ど変わりなく、総額約六〇五億ドルのうち双方とも約一〇・八％であった。その他は、中国からが約一〇・一％、シンガポールからが約八・一％、韓国からが約七・三％、台湾からが約七・〇％等であった。

二〇一〇年には、日本はフィリピンの輸出先として米国を抜いて一位となった。総額約五一五億ドルのうち日本向けが一五・二％、米国向けが一四・七％、シンガポール向けが一四・二％、中国向けが一一・一％、香港向けが八・四％等であった。二〇一一年においても、日本は輸出先として一位を維持し、総額約四八三億ドルのうち約一八・四％、米国向けが約一四・七％、中国向けが約一二・九％、シンガポール向けが約八・九％、香港向けが約七・七％、韓国向けが約四・六％等であった。ここで、フィリピンの中国向け輸出等の中にも、日系工場がフィリピンで生産したものが相当含まれているであろうことは、前記のとおりである。

近年は、中国の急速な発展、進出がフィリピン等でも大きく報じられるが、前記のような日本との経済関係の重要性が、より明確に認識されるべきであると考え、筆者は、有力新聞のインタヴューに応じる等努力した次第である。

二、日フィリピン経済連携協定（日比ＥＰＡ）の上院承認と、日本の影響力

フィリピンが本件協定のような包括的な経済連携協定（EPA）を他国と締結するのは、日本が最初であり、これに必要な上院の承認が得られて発効すれば、経済面での日本との関係が強化されるのみならず、二国間関係全体も更に高いレベルに引き上げられることが期待されていた。他方、仮に本件協定が上院で不承認となれば、日本と他のASEAN主要国とのEPAが次々と発効していく中でフィリピンだけが取り残され、経済関係促進上不都合が生じることとなることが懸念された。更に、以前はフィリピンの主要パートナーは「米日」であったのが近年は中国の急速な進出により「米日中」ないし「米中日」となってきているとのパーセプションがある中で、それが「米中」だけとなる契機となるのではないかと筆者は深刻に懸念した。しかしあらゆる努力を傾注した結果、承認を確保でき、そのような事態を回避することができた。

ここで、後記(1)のような困難な状況の中で上院の承認が得られたのは、具体的には後記(2)のような努力の結果ではあるが、総合的に見れば、日本のフィリピンに対する影響力には、相当なものがあると言うことであったと思われる。殆どの上院議員と面談して説得工作を行った筆者は、三分の二の一六票の賛成を得られたのは、多くの議員が日本との関係の重要性を理解してくれていたからであると感じた。

⑴日比EPAの上院承認の難航

日比EPAは、日本とインドネシアとの協定と同様の看護師・介護福祉士に関する規定を除くと、日本が他のASEAN諸国等と締結した経済連携協定と基本的に同様であり、物品の貿易に関する関税の低減・撤廃、サービス貿易や投資の自由化や内国民待遇を定めたもので、日本にとっては特異な条約ではない。従って、同協定は二〇〇六年九月に小泉総理とアロヨ大統領との間で署名された後、日本では早速、同年一二月に国会で承認された。

しかし、フィリピンでは二〇〇八年一〇月まで上院での承認が難航した。その理由は、主として以下のとおりであった。

(ア)上院における与党系議員の決定的不足

フィリピンでは条約を承認するのは上院だけであるが、その定数二四名の三分の二の賛成を要するので、欠員も欠席も棄権も、反対と同様の効果しか持たず、要するに、一六名以上の議員が賛成しなければ不承認となるもので、極めてハードルが高い。ここで、二〇〇七年五月の中間選挙での上院の半数改選において、アロヨ大統領の与党が大敗し、二四名のうち与党系議員が九名と半数さえ切ってしまった。

但し上院では、確固とした野党があって党議拘束をかけて所属議員が全員反対するといったことはなく、与党系以外の議員は、個人の政治的判断で各案件への賛否を決める。即ち、上院は全国区であり、全国で十分な得票を確保するのは困難であるのに確固とした野党が実際上存在しないので、大統領の与党となって種々の方法で選挙を助けてもらうか、又は、個人の知名度、人気で当選、再選を確保するしかない。よって上院議員は、大統領の与党を除き、全国区における自分の人気を高めるか、低めないかに配慮しながら、個々の議案への賛否を各自が決めるのである。

従って大統領の与党系が二四名のうち九名しか居なくなったからといって、承認の望みが絶たれた訳ではなかったのであるが、それでも、一六名の賛成を確保するためには、与党系以外から七名の賛成を得る必要があった。最後には、与党系の一人が欠席に転じたため、与党系以外から八名の賛成を得る必要が生じた。

(イ)フィリピンにとって最初のEPA、事実無根の反対キャンペーン

日比EPAは、日本にとっては数あるEPAの一つにすぎないが、フィリピンにとっては、貿易・投資等の経済関係を包括的に定め、更には看護師・介護福祉士の移動も含むような二国間EPAを、他国ましてや日本のような経済大国と結ぶのは初めての経験であり、国論を二分する案件となった。貿易・投資の自由化を進めれば経済大国の側に呑み込まれる危険があるのではとの懸念が表明されたし、更に反自由貿易派等のＮＧＯから事実無根の反対キャンペーンがなされ、新聞紙面で賛否両論が頻繁に掲載され、全国区での人気により選出されるため世論の動きに敏感な上院議員は、このような世論に配慮せざるを得ない立場にあった。

(ウ) 政府側の準備不足と上院内部の政治的対立

上院外交委員会の審議は、ＮＧＯ等も参加できる公聴会から開始されたが、反自由貿易派ＮＧＯ等の激しい協定批判に対し、政府側答弁がもたつき、新聞等世論に、問題の多い協定であるかの如き印象がもたれた。また、専門性のある優秀な人材に乏しいと思われている政府が「下手な交渉をして不利な内容を押しつけられたのではないか」との不信感も、上院審議や新聞等で表明された。

また上院議員の中に、二〇一〇年五月の大統領選挙に立候補する可能性のある者が数名おり、これらの者の政治的対立が先鋭化するという全く別件で審議が遅延した。結局、アロヨ大統領は、二〇〇八年一〇月八日の本会議で採決してもらうことを決断し、そのとおりとなったが、その機会を逃すと、政治的対立の故に、賛成が期待される議員の中から賛成をやめる者が出る危険性があった。現に、二〇一〇年五月の大統領選挙に向けて、二〇〇九年からは本件協定の承認を求められるような政治情勢ではなくなり、かつ、その大統領選挙では、本件協定に反対票を投じたアキノ上院議員が当選したのであるから、二〇〇八年一〇月のこの日は本当に最後の機会であった。筆者はこのことを考えると、未だに背筋が寒くなる思いである。

なお、アロヨ大統領がこの一〇月八日の採決要求を直前に決断した際、与党系で必ず賛成することになっていた議員のうちのズビリ議員がシンガポールに出張中であり、大統領からの連絡により急遽マニラに戻ることとなった。しかし、八日の採決予定時刻となっても同議員が上院に現われず、筆者ほか一同は心配した。マニラに午後到着する航空便が留保できなかった由で、同議員が次の便で戻り夜遅く上院に現われるまで採決を待ってもらい、ぎりぎり一六票の賛成で承認されたものである。その間に、賛成してくれる予定の野党系議員の一人が、議場から姿を消してしまったため、筆者等が携帯電話で議場に戻るよう説得する場面もあった。フィリピンというところは、物事がドラマティックに起きるところである。

(2)日比EPAの上院承認に向けての努力

上院に条約承認を求めた政府としては、特に与党系以外の上院議員を説得する必要があるが、フィリピンでこれを行うべき者は、政治的に重要なものについては、関係省庁や関係閣僚ではなく、大統領自身であると認識されている。更に、議会の承認は当該国の政府が確保すべきものなのに、フィリピンでは、重要な条約の承認に関する上院対策は、関係国の駐フィリピン大使と協力して行われるのが通例である。

筆者が、二〇〇七年九月に大使としてフィリピンに赴任したのは、そのような状況・事情の下であり、信任状奉呈式の直後の会談の時からアロヨ大統領の要請を受け、実員二二名中二〇名の上院議員に着任表敬を兼ね、説得を開始した。[注1] また、特に鍵となる議員やその支援者を大使公邸での夕食会に招待して説得する等の努力を開始した。しかし、その頃、上院の外交委員会で公聴会を開始した外交委員長のサンチャゴ上院議員が、与党系であるのに、プレスに「日比ＥＰＡは、事実上死んだ」と述べる事態となった程、状況は悪かった。

そのような中で努力を続けた際に、特に留意した点は以下のとおりであった。

(ア)鍵となる議員の関係するＯＤＡ案件には、特別の注意を払った。特に、賛成するか不明であった某議員の地元の州が台風で甚大な被害を受けた際には、被災者を収容する仮設住宅の建設を約束し、地元での起工式に筆者が同議員とともに参加した。これは、一〇月の採決の日に筆者が同議員に電話で賛成を促した際に効果があったと考えられる。この時点でもフィリピン政府側は、同議員が賛成するか自信がないとしており、同議員は、この段階で未だ迷っていた。最終的に同議員の一票で所要の一六に達した。

(イ)複数のフィリピン財界人等から、日頃種々の関係のある上院議員に働きかけてもらった。これにより、採決に持ち込む上で最も重要な議員等の支持を確保できた。日本人商工会議所には、筆者の着任前から、フィリピン商工会議所とともに賛成の新聞広告を出す等の措置をとって頂いていた。なお、フィリピン財界は総じて本件協定の早期発効を期待していた。ここで、ある財界人は、華僑系であるにもかかわらず筆者に対し「近年中国のフィリピンへの進出が目ざましいこと自体は問題ないが、あまりにバランスを失することを懸念しており、日本のプレゼンスの維持・強化を望んでいるので、本件協定の承認を支援したい」と筆者に申し越し、関係上院議員の説得を行ってくれた。

(ウ)この他、日本大使館として表に出ることを避けつつ、新聞での反対の論説に対抗すべく、賛成派の財界人に賛成の論説を書いてもらう等の措置をとった。二〇一一年春に外相となったデル・ロサリオ氏も、その一人であった。パンガニバン元最高裁長官は、後記(エ)のとおり、本件協定のいくつかの条項がフィリピンの憲法に抵触しているとの批判が元最高裁判事であるフェリシアーノ氏からなされた際には、両国政府間で合憲性を確認する書簡を交換すれば問題ないとする寄稿を有力紙に対して行ってくれた。

更に、カトリック国である当国の世論に大きな影響力を有するマニラ枢機卿が、反対派NGOの「本件協定が発効すると日本から産業廃棄物がフィリピンにダンプされる」との事実無根のキャンペーンに同調するコメントを発表した際には、筆者が同枢機卿を訪問し、誤解を解く等の努力を払った。

(エ)合憲性に関する外相間書簡

二〇〇七年秋の段階から、上院の中で本来与党系であるサンチャゴ外交委員長が、「本件協定の一部条項がフィリピン憲法に抵触しており、協定改正のため再交渉すべし」とするフェリシアーノ元最高裁判事の意見に引きずられるに至った。この事態を受け、筆者は外務本省と相談の上「日本側としては再交渉は不可であるが、フィリピン側の『憲法問題』の懸念を払拭するために不可欠であれば、合憲性を確認する書簡交換を外相間で行うことは可能」とし、二〇〇七年一一月にアロヨ大統領に面会の上、交渉開始に合意した。その後、大統領の指名を受けたファビラ貿易産業大臣（当時）と筆者の間で交渉を行い、サンチャゴ外交委員長の了解を得て、〇八年八月下旬に高村外相とロムロ外相の間で書簡交換を行うことができた。

サンチャゴ外交委員長は、同書簡交換をもって合憲性の問題は解決したと九月初旬に公言して本件承認に動き、その後は、他議員が本件協定の再交渉を求める旨発言しはじめた際には、これを押さえ込む側に回ってくれた。結局、アロヨ大統領の決断により一〇月八日に採決が行われ、承認を得られたものである。注2 この最後の段階等で、マニラに一時帰国したシアゾン駐日大使（当時）の上院議員への働きかけも大きな役割を果たした。協定は、事務的な準備を経て、同年一二月一一日に発効した。

注1　定数二四名のうち、一名（リム議員）が任期途中でマニラ市長に転じて上院議員を辞任したため、空席が一名生じていた。更に一名（トリリヤネス議員）は、軍人出身でクーデターを起こして収監中であったのに立候補して上院議員に当選したが、収監中につき投票に参加できないという特殊事情にあり、実員二二名となっていた。更にそのうち二名については、フィリピン政府側から、筆者が直接面会するのは避けた方がよいと言われていたものである。

注2　各上院議員の投票ぶりは次のとおりであった。

○大統領の与党であり、賛成した議員（8）

エンリレ（マルコス政権下で国防相であったが、一九八六年の革命の際にマルコスを見限ったため、革命が成功。現在上院議長）、ホナサン（元軍人で一九八九年のクーデターの首謀者）、アンガラ（比日友好議員連盟の初代会長を務めた親日家）、サンチャゴ（当時、外交委員長）、ゴードン、ズビリ、レビリア、ラピッド

○大統領の与党ではないが、賛成した議員（8）
ビリヤール（当時、上院議長。その後二〇一〇年の大統領選挙に国民党から立候補して敗退）、ピーター・カエタノ（国民党）、レガルダ、ラクソン、ロハス（当時、貿易商務委員長。二〇一〇年の副大統領選挙に自由党から立候補して敗退。二〇一一年六月から交通通信大臣、二〇一二年九月から内務自治大臣）、パンギリナン（自由党）、ビアゾン（自由党）、エストラーダ（エストラーダ元大統領の子息）
○大統領の与党であるのに、欠席した議員（1）
アロヨ（アロヨ大統領一家とは無関係）
○大統領の与党ではなく、欠席した議員（1）
ピラール・カエタノ（賛成したピーター・カエタノの姉）
○大統領の与党ではなく、反対した議員（4）
アキノ（二〇一〇年の大統領選挙に自由党から立候補して当選）、エスクデロ、マドリガル、ピメンテール
○その他（2）
注1のとおり、リム議員がマニラ市長となるため辞任した後が空席。クーデターを起こして収監中であったトリリヤネス議員が投票できず。

(3) アキノ大統領の登場と、日比EPAの今後

筆者は、前記のとおり二二名のうち二〇名の上院議員を表敬し、日比ＥＰＡへの賛成を求める中で、アキノ上院議員（当時）にも面会し働きかけたが、同議員は、二〇〇八年一〇月の採決の際は、反対投票を行った。但し、反対の論陣を張った訳ではなかった。当時のアキノ議員は、あまり目立たない存在であり、翌年八月に母親のコラソン・アキノ元大統領が死去してアキノ家に対する国民の思慕の情が爆発し、アキノ議員が二〇一〇年五月の大統領選挙で圧倒的勝利を収めることなどは、誰も予想していなかった。

同議員の反対投票には、種々の理由があったと思われるが、二〇〇八年当時、同議員、存命であったコラソン・アキノ元大統領の母子は、アロヨ大統領周辺の腐敗等を強く批判して辞任を迫っており、そのような内政上の理由が大きく影響したものと考えられる。

このような経緯からして、アキノ議員が大統領選挙で当選確実となった二〇一〇年五月、筆者は、同議員を私邸に表敬する機会があった際に、日比ＥＰＡに同議員が反対投票を行った事実には全く触れず、本件協定の発効後、フィリピンから日本へのバナナ、ココナツ等の産品の輸出が期待どおり大幅に増加したこと、日本からの直接投資が一層増加していること等を事実に則して説明した。次ページ上段の写真は、その際のものである。幸い

大統領に当選したアキノ上院議員に日比関係を説明する筆者

にしてアキノ氏は、大統領となってから「自分が反対した本件協定を再交渉したい」等とは発言せず、上院議員として反対投票をした事実が静かに忘れられようとしている。

ＥＰＡに基づく看護師、介護福祉士の受入れも開始されたところ、この円滑な受入れのためには、日本語研修の強化や、資格試験における日本語の問題への対処が必須であることは言うまでもない。更には、この問題の解決のためには、日本が今後外国人労働力を如何に受け入れていくかという問題について議論を深める必要があろう。いずれにせよ、日比ＥＰＡの一般的見直しが開始される中で、両国間の経済連携の強化のために円滑な協議が行われていくことが期待される。

三、ミンダナオ和平と日本の貢献

「平和構築外交」が日本外交の重要な柱の一つとして打ち出される中で、日本はミンダナオ和平に多大の貢献を行っており、フィリピンに対する日本の影響力を強めるのに大いに資している。

(1)ミンダナオ和平問題とは

そもそもスペインが来航するまでは、現在のマレーシアからフィリピンのミンダナオ島にかけての地域は、イスラム教徒の諸勢力が各地にスルタンを擁して支配しており、スペインがフィリピンを植民地にした後も、この地域には支配は及んでいなかった。現在のミンダナオ島全域に統治が及んだのは、十九世紀末に米国がスペインに替わって宗主国となった後である。さて一九四六年のフィリピンの独立後、ビサヤ地方（ルソン島とミンダナオ島の中間にあるフィリピンの中部）から多数のキリスト教徒がミンダナオ島に入植し、イスラム教徒が次第に追いやられ土地を失っていったと言われている。イスラム教徒はフィリピン全土では人口の五％程度しか占めないが、ミンダナオ島では人口の約四分の一を占め、そのようなイスラム教徒の一部が、ミンダナオ島の中部で中央政府に対して武力闘争を行うようになった。一九九六年九月には、ＭＮＬＦ（Moro National Liberation

Front）とラモス政権との間で和平が成立し、ＭＮＬＦは、一定の地域で一定の自治権を得た代わりに武力闘争を終止したが、これに納得しない強硬派ＭＩＬＦ（Moro Islamic Liberation Front）は、武力闘争を継続した。一九九八年成立のエストラーダ政権は、このＭＩＬＦを武力で掃討しようとしたが成功せず、二〇〇一年成立のアロヨ政権は、交渉で問題を解決する方針をとった。

二〇〇三年七月には、政府とＭＩＬＦとの間で停戦合意が成立し、二〇〇四年一〇月には、この停戦を監視するための国際監視団（International Monitoring Team　略称ＩＭＴ）が、ミンダナオ島中部のコタバト市を拠点として活動を開始した。これは、マレーシア、ブルネイ、リビアの兵士約六〇名からなるものであった。

⑵日本の基本的考え方と貢献

ミンダナオ島は、北海道と四国を合わせた面積を持ち、土地は肥沃で鉱物資源も豊富と言われており、ミンダナオ和平問題の解決は、フィリピン全体の開発の遅延の解消に大きく寄与する可能性が高い。また、ＭＩＬＦの中の強硬派は、アブ・サヤフ等のテロリスト・グループと親密であり、この問題の解決不調は、テロ対策にも悪影響を与えるものである。このような考え方から、二〇〇六年七月の麻生外相（当時）のフィリピン訪問の際に、日本がミンダナオ支援に大きく踏み出す旨が約束された。

具体的には、前記の国際監視団に、二〇〇六年一〇月より、非イスラム国家として初めて参加することにした。この国際監視団は、国連平和維持活動（ＰＫＯ）ではなく、日本の法律上、自衛隊員を送る余地がなかったので、ＪＩＣＡの専門家にマニラの日本大使館に出向して貰い、更にマニラから復興支援の担当として現地の国際監視団に送ることとしたものである。

また日本は、対フィリピンＯＤＡの一環として、ミンダナオ島の中の元紛争地域に、学校、給水施設、職業訓練センターを草の根無償の形で建設する協力等を開始し、これをＪ-ＢＩＲＤ（Japan Bangsamoro Initiatives for Reconstruction and Development）と称して強化することとした。「ＢＩＲＤ」は、平和をよぶ「鳥」となるよう願いを込めて、日本大使館員が略称を考えたものであった。Bangsamoroは「イスラムの民族」という意味である。紛争が終了する前からＪ-ＢＩＲＤのような復興支援を開始するのは、新たな試みである。既に四〇以上の学校等が建設され、筆者も、これらの完成式に出席する等、現地を三回訪問した。

このうち初回は、二〇〇七年一〇月に行ったものであり、コタバト市近郊にあるＭＩＬＦの本部を訪問し、最高指導者であるムラド議長に面会した。停戦ラインを越え、筆者等

MILF の最高指導者と面会する筆者

の身柄が政府側支配地域からＭＩＬＦ側支配地域に引き渡される際には緊張したが、ＭＩＬＦ側も、日本の前記のような援助は高く評価してくれているので、丁重に迎えられ、ムラド議長からアロヨ大統領への伝言を預ったりした。その時の写真を上に掲げる。

この出張の際には、Ｊ‐ＢＩＲＤの一つとして停戦ラインの政府側支配地域に建設した職業訓練センターの開所式にも出席した。その際、同センターで訓練を受けることとなった多数の女性が参集して歓迎してくれたところ、戦闘によって夫を亡くした未亡人であり、その平均年齢は二〇歳代前半であるとの説明を聞き、このセンター建設は有意義なものであったとの確信を深めた。

在フィリピンの日本大使館の担当公使、書記官は代々、フィリピン政府とＭＩＬＦ側との間の意思疎通の円滑化に貢献している。特に二〇〇八年夏以降、停戦が崩れ戦闘が再開され、数十万人の避難民が困難な状況に置かれた際には、日本大使館の担当公使、書記官が、停戦の再開のためフィリピン政府とＭＩＬＦ側との間で大きな役割を果たした。これが翌〇九年七月二三日の停戦再開に繋がったと考えられる。

二〇〇九年一二月には、政府とＭＩＬＦの間のマレーシアを仲介役とする交渉がなかなか進展せず、オブザーバーのような形で交渉に助言するグループの結成が求められた。ＩＣＧ（国際コンタクト・グループ。International Contact Group）と称されることとなったこのグループには、日本、英国、トルコ、サウディ・アラビアと幾つかの国際ＮＧＯが参加を求められた。英国の場合は、北アイルランドの和平交渉の経験に基づいて参加を求められたものである。

しかし、英国は、国際監視団（ＩＭＴ）に人を出していた訳ではないし、Ｊ－ＢＩＲＤのような復興支援に取り組んでいる訳でもない。他方、米国や豪州は、復興支援は行っているが、国際監視団（ＩＭＴ）に人を出している訳ではないし、ＩＣＧにも参加を求められていない。特に米国の場合、キリスト教の超大国であるので、ＩＭＴは勿論、ＩＣＧに入って来ることには、抵抗が強いのであろう。中国は、このミンダナオ和平問題には何ら貢献していないし、他の主要国も前記のような状況にある中で、国際監視団に人を出し、復興支援に積極的に取り組み、ＩＣＧにも参加しているのは、日本だけである。筆者は、フィリピンの各地で、日本のＯＤＡで建設された道路、橋等の完成式にアロヨ大統領（当時）と出席する機会が多かったが、大統領は筆者の顔を見ると、よく、日本のミンダナオ和平への貢献に感謝すると言っていた。

アキノ氏については、二〇一〇年五月の大統領選挙で当選確実となった直後に筆者が表敬して日比関係につき説明を行った際（六一ページ参照）、この問題についての日本の貢献に触れたところ、そこまで協力してくれているのかと驚いていた。

二〇一一年八月四日には、アキノ大統領とＭＩＬＦの最高指導者であるムラド議長との初のトップ会談が成田近郊で極秘裏に行われ、翌日、発表・報道されたところ、前記のような日本の多大の貢献が、このトップ会談の場として日本が選ばれたことに繋がったことは間違いない。筆者は同年の四月末に離任したので、このトップ会談には関わっていないが、大統領は、このトップ会談を実現でき、日本への感謝の念を更に深めたものと思われる。

(3)ミンダナオ和平問題の今後

トップ会談が行われたからといって、直ちに交渉が前進するとは限らない。筆者は、二〇

○八年夏にアロヨ政権下でＭＩＬＦとの合意が成立し署名式がマレーシアのクアラルンプールで行われる予定となった際、米国大使等とともに招待されたことがある。しかし外相、和平担当閣僚や我々を乗せた飛行機が八月四日にマニラからクアラルンプールに向かっている最中に、マニラで最高裁が「本件合意は違憲のおそれあり」として翌日の署名を禁じる仮処分を決定してしまった。フィリピンの最高裁はそのような権限を有している。当然ながらＭＩＬＦ側は強く反発し停戦が崩れた。米国大使や筆者がマニラに戻ると、多くの知人から「ＭＩＬＦに譲歩しすぎた合意内容を知っての上でクアラルンプールでの署名式に立会いに行ったのか」と難詰された。「全人口の五％しか占めないイスラム教徒の、そのまた一部である強硬派のために、憲法改正が必要となる程の譲歩はしたくない」というのがキリスト教徒であるマニラの有力者たちの自然な反応であることを痛感した。また高度の自治が与えられるイスラム側の地域に含まれてしまう市町村に住んでいる現地のキリスト教徒の反発や、これらキリスト教徒の出身地であるフィリピン中部の政治家の反発も激しかった。

筆者は、このような二〇〇八年夏の経験からして、この時に署名されかかった合意より不利な合意はＭＩＬＦにとって受諾困難であろうし、政府にとっても、この時の合意と同様、又は、それ以上の譲歩は受諾困難であろうと考えていた。実際、二〇一一年八月の成田近郊でのトップ会談後も、交渉はなかなか進展しなかった。

しかし、二〇一二年一〇月七日、両者が「枠組み合意」に達したことが発表され、一五日にマニラにおいて署名された。これは、「バンサモロ」（「イスラムの民族」という意味）という新たな自治政府を二〇一六年（アキノ政権の最後の年）に設立することに合意し、設立までのロードマップと移行メカニズムを定めたものである。筆者には、二〇〇八年夏の場合、当時のアロヨ大統領が世論から信頼されていなかったのに対して、今回の場合、アキノ現大統領の支持率が非常に高いことが好影響を与えたのではないかと思われる。

今後、この「枠組み合意」の下で、憲法改正との関係、自治政府設立のための基本法の制定、自治政府とフィリピン政府との間の権限配分・資源配分の問題、武装解除の問題等々、詰めるべき難問が残されているが、本件に関して発出された玄葉外相の談話で述べられているとおり、交渉当事者双方が粘り強い交渉努力を続けることを強く期待したい。

アキノ大統領は、本件合意の発表に当たって、仲介役のマレーシアに加え、日本を含む国際監視団（IMT）と国際コンタクト・グループ（ICG）のメンバー等に謝意を表明している。またMILF側は、公式ウェブサイトで玄葉外相の歓迎談話を大きく掲載している。

二〇一二年一一月五日に、ラオスにおけるASEMサミット（後記八（8）参照）の際に日比首脳会談が行われ、両首脳は「戦略的パートナーシップ」にふさわしい二国間関係の構築に向けて引き続き緊密に連携していくことで一致したところ、ミンダナオ和平に関し、アキノ大統領から野田総理に対し、これまでの日本の支援に謝意が表明された。特に大統領より、二〇一一年八月に日本政府の仲介でＭＩＬＦの指導者とのトップ会談を成田近郊で開催したことが歴史的な「枠組み合意」に繋がった旨の発言があった。

ミンダナオ和平は、日本の「平和構築外交」における成功例になりつつあり、前記の三分野での全面的支援を継続すべきと考えられる。

四、日本とフィリピンは戦略的パートナー

二〇〇九年より以前は、日本はASEAN一〇カ国の中では、インドネシア、ベトナム、タイのみと「戦略的パートナー」とよびあってきた。他方中国は、フィリピンとも戦略的・協力的関係を深化するとし、「中国は貴国（フィリピン）を戦略的・協力的関係を強化すべき相手として重視している。貴国（フィリピン）もそのように中国を重視すべきである」といった趣旨のメッセージを発出し巧みに外交を展開していた。[注1] そのような事情や、フィリピン政府が日本とも戦略的パートナーとよびあうことを希望していたことから、筆者は、〇九年六月のアロヨ大統領訪日の際の首脳会談の機会をとらえ、フィリピンとも「戦略的パートナー」とよびあうことに合意するよう東京に意見具申し、麻生総理を含めた関係者の同意を得て、将来に向けて戦略的パートナーとしての関係を促進していくことを合意して頂いた。[注2] その後の日比両国の政権交替後も首脳間、外相間等で、このキーワードが使用され続けてきたし、筆者の離任後であるが、アキノ大統領が二〇一一年九月に公式訪日した際には、戦略的パートナーとしての関係を一層強化していくことが確認された。[注3]

そもそも戦略的パートナーとは何かについては、確立された定義がある訳ではない。安全保障上の同盟国を意味する訳ではないし、また相手国が開発途上国である場合に、その国に対するODAの供与額を増やすことに自動的に繋がる訳でもない。筆者なりに解釈すれば、(ア)両国が相手国を自国にとって戦略的に重要であると認めあうこと、(イ)両国間の種々の関係や案件を個別に短期的観点から処理するよりも、両国間の関係全体を中長期的観点から捉えて促進し、種々の関係や案件は両国間関係全体の一部として処理していくような包括的な連携関係（パートナーシップ）を志向すること、(ウ)両国間の種々の関係・案件を双方の利益になるように、即ちウィン・ウィンの関係になるように処理すること、(エ)更には、両国間の関係の促進が、両国のみならず世界全体の利益、少なくとも地域全体の利益になると認識し、そのために協力しあうこと等を、戦略的パートナーシップと言うものと考える。

いずれにせよ二〇〇九年六月時点での筆者の前記の狙いは、日本がフィリピンを重視する姿勢を印象づけることにより、フィリピンから一層好意的対応を引き出すことにあったし、フィリピン側の当局者も全く同様に考えたと思われる。他方、これを単なる美辞麗句に終わらせず、戦略的パートナーと言えるだけの実質を備えるべく、双方が具体的に協力を進めていく分野を特定していくことが肝要である。その意味で、二〇一一年四月上旬にマニラで行われた外務次官級の政策協議は有意義であった。更に、同協議は「次官級戦略対話」に格上げされ、二〇一二年三月に東京で行われ、引続き海上安全保障分野での協力等につき有意義な議論が行われた。

注1　中国とフィリピンは、二〇〇五年四月の胡錦濤国家主席のフィリピン訪問の際、「双方は、平和と開発のために中国とフィリピンの間で戦略的かつ協力的な関係を構築するため、精力的に作業する用意がある」(The two sides stand ready to work vigorously for the establishment of a strategic and cooperative relationship for peace and development between China and the Philippines.) とする共同声明を発出している。更に、二〇〇七年一月の温家宝首相のフィリピン訪問の際には、「両首脳は、平和と開発のための中国とフィリピンの間の戦略的かつ協力的な関係を深化させるため、更なる措置をとることに合意した」(The two leaders agreed to take further steps to deepen the strategic and cooperative relationship for peace and development between China and the Philippines.) とする共同声明を発出している。

注2　二〇〇九年六月のアロヨ大統領訪日の際の共同声明の関連部分は、以下のとおり。
(麻生総理とアロヨ大統領は)「将来に向けて戦略的パートナーシップを育むために二国間関係を一層拡大・強化していくこと、特に日比経済連携協定（ＥＰＡ）の発効や現下の世界経済危機の影響を緩和する必要性を踏まえ、日比関係の新時代を開くべく二国間経済関係を強化する決意を表明した。」

注3　二〇一一年九月のアキノ大統領訪日の際の共同声明の関連部分は、以下のとおり。
(野田総理とアキノ大統領は)「共有する基本的価値観及び共通の戦略的利益によって結ばれた二つの海洋国家として、日比両国の関係が『戦略的パートナーシップ』に発展してきたとの共通認識の下、次のとおりの共同声明を発出した。（中略）一九五六年の外交関係正常化以来、半世紀以上にわたり育んでき

た友好協力関係の基礎の上に、二国間関係を強化することにとどまらず、アジア太平洋地域における共通理念と原則の共有及びあり得べきルールの策定に資する、既存の地域協力の枠組みから構成された開放的かつ多層的なネットワークの育成に向け協力していくことで一致し、両国政府が二国間関係を『戦略的パートナーシップ』へと高めてきたことを確認した。両首脳は、日本国及びフィリピン共和国が、特別な友情の絆で結ばれた隣国として、『戦略的パートナーシップ』を一層強化するために以下の具体的協力を包括的に推進していくことで一致した。（以下略）」

五、フィリピンと米国

⑴フィリピンにとって特殊な米国との関係

前記一⑴で述べたように、米国のフィリピン統治は、弾圧的ではなく恩恵的なものであったし、一九三〇年代から約束されていた一九四六年の独立が予定どおり実施された後も、フィリピンと米国は特殊な関係を維持し、東西冷戦の開始後は、フィリピンは米国の同盟国の一員となった。一九九二年から大統領となるラモス氏は、米国の陸軍士官学校ウェストポイントを卒業した軍人であったところ、朝鮮戦争にフィリピン軍の一員として参戦した経験を有する。なおアキノ現大統領の父で、マルコス独裁政権下で暗殺されることとなるニノイ・アキノ氏は、大学在学中に朝鮮戦争の従軍記者を務めている。

そもそもフィリピン人は、文化的、宗教的に「アジア的」なるものに対する帰属意識が希薄であり、「欧米的」である。マレー系のタガログ語（最近では、正式にはフィリピノ語という）という国語もあるが、日常的な会話は別にして、専門的な話になると英語が使われることが殆どであり、議会での審議を含む立法、行政、裁判、商談、契約、有力紙による報道等は、英語で行われる。特に指導層においては、自分自身ないし子女が米国に留学する者が多い。アロヨ前大統領は、一九六四年から六六年まで米国のジョージタウン大学に留学し、クリントン米国大統領と同窓生であったことを誇りにしていた。現大統領の母、故コラソン・アキノ元大統領も、二十歳の頃に米国に留学し、またマルコス独裁時代、夫のニノイ・アキノ氏のボストン亡命に一家で同行していた。アキノ現大統領も、この亡命に同行したことからボストン生活が長く、言論・報道の自由、複数政党制、人権の尊重といった価値観に親和度が高いと言われている。

経済的にも、フィリピンは海外出稼ぎ労働者を、人口の約一割（二〇一〇年一二月現在で約九四五万人）も全世界に送り出し、これらの者からフィリピン国内への送金（二〇一一年には約二〇一億ドル）が、ＧＤＰの約一割に相当する程であるところ、そのような出稼ぎ労働者の三割以上（二〇一〇年一二月現在で約三一七万人）が米国に出ており、送金も、米国からのものが約八四・八億ドルであって四割以上を占める。

貿易面においても、輸出先、輸入元とも、前記一(7)で述べたとおり最近日本に抜かれるまでは、米国が第一位であった。

(2)米国の軍事基地存続協定の否決

前記(1)のような幅広く深い米比関係の中で、他の東南アジア諸国には見られない点は、両国が安全保障条約上の同盟国であるところ、一九九二年のフィリピンからの米軍基地撤退についての事実関係を以下に記しておきたい。

まず、米軍基地は撤退したが、米比相互防衛条約（Mutual Defense Treaty　一九五一年八月三〇日署名、一九五二年八月二七日発効）は引続き有効（一年間の事前通告で失効しない限り、無期限に有効）であり、「両国は、太平洋地域における何れか一方に対する武力攻撃は自国の平和と安全を危うくすると認め、憲法上の手続きに従って共通の危険に対処するよう行動することを宣言する」という両国間の同盟関係は続いている。

米軍基地については、マニラの北方にあるスービックの海軍基地、クラークの空軍基地等が使用されてきたところ、開発途上国であるフィリピンは、この見返りとして毎年数億ドルの援助を受け取っていた。

ここで、一九四七年三月二七日に発効した米比軍事基地協定は、当初の有効期間が九九年間であったが、一九六六年九月一六日に一部が改定され、有効期間を二五年間、即ち一九九一年九月一六日までとすることが合意されたので、それ以降の基地存続のための交渉が九〇年五月から開始された。

ここで、たまたま九一年六月のピナツボ火山の噴火により火山灰に覆われ壊滅的な被害を受けたクラーク空軍基地が返還されることが決まった。

米国海軍にとって重要であったスービック海軍基地の存続については、更なる延長の可能性を含めて当初一〇年間延長することとし、米国からの見返りの援助額については、初年度は火山被害対策も兼ねて三・六三億ドル、二年目から二・〇三億ドルとすることで妥協が成立し、コラソン・アキノ大統領が同意して、基地存続協定（「友好協力安全保障条約」と称する）が八月二七日に署名された。

しかし九月二日に審議を開始した上院での一六日の採決においては、賛成一一、反対一二となり、定数二四の三分の二である一六票の賛成が得られず、否決された。国軍や経済界は賛成であり、国民の半数以上も賛成という世論調査があったにもかかわらず、上院では過半数も得られなかった背景としては、一九八六年の革命の残滓が残っており、上院議員の中に左派的傾向、反米ナショナリズムの傾向の者が多く、これらの議員等が、翌一九九二年の大統領選挙、上院選挙を視野に入れて反対に回ったという政治的理由が挙げられている。また見返り援助額についてのフィリピン政府側の当初の要求が過大であり、結果として米国側から大幅に削られたとの印象を上院議員に与えたことによる要素も大きかったと言われている。この「大幅削減」により上院議員の自尊心が傷つけられ、伝統的な「米国一辺倒」への反感を伴ったナショナリスティックな雰囲気が醸成されたとの要因や、大統領側の上院議員への説明不足もあったと言われている。なお、反対投票をした有名な議員としては、一九九八年に大統領となるエストラーダ議員、マルコス政権の国防相でありながら反抗して一九八六年の革命の端緒を開いたエンリレ議員等がいる。エンリレ議員は現在上院議長である。他方、後に大統領となるラモス国防相（当時）の妹であるシャハニ議員、親日家であり比日友好議連の初代会長となるアンガラ議員（現在も上院議員）、アロヨ政権から現アキノ政権初期にかけて外相を務めることとなるアルベルト・ロムロ議員は、賛成票を投じた。

コラソン・アキノ大統領は、否決の可能性が高くなった九月一〇日に、自ら先頭にたって上院に対して賛成せよとの大規模なデモを行ったり、上院の反対をバイパスするような国民投票を行うことを提案する等、基地存続協定の承認のため必死で努力した。しかしこの国民投票提案は、憲法上無理なものであった。九二年一一月二四日、米軍はスービック海軍基地から撤退した。

⑶その後の米比間の安全保障に関する関係

中国は、一九九二年に南沙諸島を含めて領海を確定する国内法を制定したところ、一九九五年二月には、南沙諸島においてフィリピンが領有権を主張する岩礁の一つであるミスチーフ岩礁に、台風の際の漁船の避難所と称する施設を建設してしまった（後記六⑻参照）。

筆者は次席公使としてマニラに在勤中であったところ、「一九九二年一一月のスービック米軍基地撤退により力の空白が生じたから、中国としては、このような建設に踏み切る決断をしやすくなったのであろう」との見方が議論されていた。なお、一九九四年二月にラモス大統領が李登輝「台湾」総統と非公式ではあるがフィリピン国内で会談を行ったことに対して、中国が「罰を与えようとした」という説もある。

更に、一九九六年にはフィリピンとは目と鼻の先の台湾海峡で、台湾の総統選挙に際して中国がミサイル発射実験を行い、これに対して米国が空母を二隻派遣するとの危機が生じた。

このような進展に伴い、フィリピンは中国への警戒心を強め、米国との同盟関係回復に向かった。具体的には、米軍基地を再び認めるのは最早政治的に無理であるので、米国軍隊の「訪問」を認める方向に動き、一九九八年二月一〇日に「訪問する軍隊に関する協定」(Visiting Forces Agreement 略称 VFA)にラモス政権が署名。エストラーダ政権になって九九年五月二七日に上院の承認が得られた。エストラーダ大統領は、前記(2)のとおり、一九九一年には米軍基地存続協定に反対票を投じて否決に回った上院議員の一人であったこと、及び、同じく一九九一年に反対票を投じたエンリレ議員が、一九九九年にはVFAの賛成に回ったことが注目される。エンリレ議員のVFAへの賛成演説を読むと、同議員が「九一年当時は、中国の動きは今ほど明確ではなかった。その後九五年二月のミスチーフ岩礁への中国の進出があって状況は大きく変わり、今や中国の膨張主義からフィリピンを守るためには米国が不可欠である」との趣旨を強調していることが興味深い。

この協定に基づき、合同軍事演習等が行われることとなり、また、このためにフィリピンを訪問する米国軍隊の特権免除等が定められた。合同軍事演習のうち最大のものは、毎年の統合演習（「バリカタン」と称する。「肩を組む」の意）であり、実働演習を通じ共同作戦の向上等を目的とするが、米軍による学校やコミュニティー・ホールの建設等の民生プロジェクトも実施されている。

更に、二〇〇一年の九・一一事件後は、テロ対策について協力を促進することとなり、統合演習「バリカタン」も多くがミンダナオ地域で行われるようになった。

その後、二〇〇四年七月、イラクでフィリピン人がイスラム過激派に人質にとられ、当時、大統領選挙で僅差で勝利した直後であったアロヨ大統領としては、国内政治上の配慮から、イラクに派遣していた約五〇名のフィリピン軍を予定を早めて撤退させざるを得ず、対米関係が冷え込んだ時期があった。しかし現在はミンダナオ地域に、ＶＦＡに基づき半年で交代する米国兵が五〇〇から六〇〇名くらい駐留していると言われている。

フィリピン以外では注目されなかったが、二〇〇九年二月にオバマ大統領が署名した大規模な景気対策予算の中に、約一・八万人のフィリピンの退役軍人に一・九八億ドルが恩給として支払われることが盛り込まれた。うち約一・二万人のフィリピン国内居住者には、一人九千ドルが支払われ、米国に移住して米国市民権を得ている約六千人には一人一・五万ドルが支払われることとなった。これらのフィリピン人は、旧日本軍に対して米軍に参加して戦った後、六〇年以上待って恩給を支給されることとなったものである。

　米国の軍事援助の額については、二〇〇一年から二〇一〇年までを合計すると約五億ドルになると在フィリピンの米国大使館が発表している。

六、フィリピンと中国

⑴華僑系が多いフィリピン経済界

現在フィリピンとなっている諸島は、一六世紀にスペインによって植民地とされるまでは、国家としての歴史を有していなかった。カトリックに改宗し、スペイン語の氏名を名乗らされることとなった住民は、基本的にはマレーシア、インドネシアと同様のマレー系であるが、中国からの移民も多かったと言われている。スペインに反抗して一八九六年に銃殺刑に処された国民的英雄ホセ・リサールは、宗教的、言語的、文化的にはスペインの植民地としてのフィリピンで生まれ育った人物であるが、華僑系の血を受けていたと言われている。

殆どが福建省から移民してきた、これらの華僑は、勤勉で実業家としての才能に富み、数世代、場合によっては一世代で多大の財を築くものが多い。現在のフィリピンにおける著名な富豪二〇家族をとってみれば、そのうちの殆どは、華僑である。

このうち、アキノ現大統領の母である故コラソン・アキノ元大統領の実家は、コファンコ家と言い、曾祖父が福建省からの移民であり、一族は、マニラ北方のターラックに広大な砂糖きび畑を保有し、財を築いた。故コラソン・アキノ元大統領の従兄弟であるダンディン・コファンコ氏は、マルコス政権時代に「政商」であったと言われているところ、現在、サンミゲル社（ビール会社であったが、最近、交通、電力等の分野に進出）の会長である。

大手銀行であるメトロバンク銀行を創業・保有しているジョージ・ティー氏、フィリピン航空の大株主であるルシオ・タン氏、最大のスーパー・マーケットのチェーン「シューマート」を創業・保有しているヘンリー・シー氏、保険会社等を創業・保有しているユーチェンコ氏、フィリピン航空に次ぐ第二の航空会社であるセブ・パシフィック航空の社主であるゴコンウェー氏等、殆どの富豪が福建省出身の華僑である。華僑系でない富豪は、最大の不動産会社を保有しているアヤラ家、マニラ電力会社を保有してきたロペス家、日本の企業と合弁で造船会社等を経営しているアボイティス家くらいである。

華僑系富豪が、フィリピンの経済界を牛耳っていることについては、インドネシアのように非華僑系の国民から反感をもたれることは殆どなく、むしろ、経営の才に優れた人たちであるとの肯定的イメージがもたれているようである。その理由としては、フィリピンにおいては、これら福建省の移民が、カトリック教徒となってフィリピンの文化・宗教に溶け込んでいることが大きいのではないかと思われる。これら一家の姓は、前記のとおり、ティー、タン、シー等の一音節、又はコファンコ、ユーチェンコのように三音節であり、スペイン語の姓と異なるので華僑であることがすぐわかるが、それによって差別を受けるということは、少なくとも現在はない。

更に、上記のような著名富豪のレベルではなくても、「フィリピン商工会議所」(Philippine Chamber of Commerce and Industry) の幹部は、殆どが華僑である。更に「華僑系フィリピン商工会議所」(Chinese Philippine Chamber of Commerce and Industry) という別の名称の組織もあるが、双方の幹部は結局、同じ者が兼ねている場合が多い。

これらの華僑系財界人の政治的傾向については、内政的には、大統領選挙等で互いに対立する複数の候補者、陣営に、あまねく政治資金を提供し、機織を鮮明にしない傾向があると言われている。前記の非華僑系の財界人も、政治的に目立った動きはしないが、二〇一〇年の大統領選挙では、ロペス家、アヤラ家がアキノ候補をかなり明確に支援していた。なお、これらの非華僑系の財界人の多くは、マカティ・ビジネス・クラブという組織を形成しているが、このクラブは華僑系を排除している訳ではない。マカティというのは、マニラ首都圏の中でフィリピンや外国の企業の事務所の多くが立地する市の名称である。

華僑系財界人の日本との関係については、中国人の血が入っているために日本と疎遠かというと、そうでもない。近年、中国が急速に進出してくるまでは、フィリピンにとって、安全保障上の同盟国である米国、ODAのトップドナーであり米国とともに重要な貿易・

投資のパートナーである日本が飛び抜けて重要であったのであり、これら華僑系財界人の多くは日本と何らかの貿易上、投資上の関係を構築し、成長の糧としてきたので、親日的、ないし日本との関係の深い者が多い。

例えば前記の、メトロバンク銀行を創業・保有しているジョージ・ティー氏は、一九八八年にトヨタ㈱、三井物産㈱と合弁して、トヨタ・モーターズ・フィリピン社を設立し、その株の過半数を保有し、同社の会長を務めている。

中国との関係については、華僑系財界人も、フィリピン国民としてフィリピン国家に対して忠誠を誓っており、中華人民共和国政府や中国共産党に対し特別の親近感を有している訳ではないことは、どこの国に住む華僑系財界人も同様であろう。これらのうちのある者が、「近年中国のフィリピンへの進出が目ざましいこと自体は問題ないが、あまりにバランスを失することを懸念しており、日本のプレゼンスの維持・強化を望んでいるので、日比EPAの承認を支援したい」と筆者に申し越し、関係上院議員の説得を行ってくれたことは、前記二⑵で述べたとおりである。

他方、やはり自分、自分の親ないし祖先の故郷である福建省、更には中国には、特別の思い入れがあり、特に近年、その中国が急速な発展を遂げ、国際社会の中での地位を向上させていることについては、誇らしいとの感情をもっていることは確かである。自分の子供や孫に、自分は華僑であるとの誇りをもたせるように教育しているとか、中国に留学に行かせることにした等の話を最近よく聞くようになった。更に、フィリピンでのビジネスの成功をバネにして、中国への進出を計る者も出てきており、前記のメトロバンク銀行、ファミリー・レストランのチェーンでフィリピン国内で成功したトニー・タン氏のジョリビー社等の華僑系資本が、福建省をはじめ中国に進出している。

これらの者にとって、中国政府とフィリピン政府との関係がこじれることは、是非とも避けたいところであり、南沙諸島問題等で両国関係が悪化することを最も心配するのは彼らである。なお二〇一〇年八月、マニラ市内において、香港からの観光客を乗せた大型バスが人質にとられ、人質解放の際の警察当局のもたつきから八人が犠牲となり、香港当局とフィリピン政府との関係が緊張したが、犠牲者への補償を行うに当たって、華僑系財界人が募金を行っている旨報じられた。

⑵政界、言論界等と中国

政界では、前記⑴で述べたとおり、故コラソン・アキノ元大統領が、従ってアキノ現大統領が、福建省移民の四世代目、五世代目であるが、それが理由で親中国的であったか、親中国的であるか、というとそのようなことはない。明らかに華僑系である者が政界に進出する例も、あまり多くない。但し、政界の要人の中に、本人又は配偶者が、華僑系とは言わないまでも、華僑の血が相当入っている者がいることは事実である。

言論界については、有力新聞の社主の中に華僑系ないし華僑の血が流れている者がいる。しかし、これらの有力新聞が、親中国的であるかというとそのようなことはない。

さて、華僑系であるか否かを別にして、政界、言論界の中国に対する一般的な認識としては、中国経済の急速な発展に対しては敬意を表し、中国との経済関係の強化によりフィリピンも利益を得ようとする一方、後記(8)の南沙諸島等の問題があり、安全保障面では中国の急速な進出について警戒心が抱かれている。「中国との経済関係の強化がこのまま続くとバランスが崩れるので、日比ＥＰＡの承認を支持する」と筆者に述べた有力上院議員も存在する。「中国からの援助の約束の裏には、米国の影響力を低下させようとする意図が感じられる」と有力マスコミ関係者が筆者に述べてきたこともあった。但し、このようなマスコミ関係者も、中国に警戒的な意見は紙面には書かず、むしろ、超大国となる中国との関係を重視せねばならない等と書くのが現実である。

なお、国民に大きな影響力のあるカトリック教会については、一九八六年二月にマルコス政権に対してエンリレ国防相とラモス参謀次長が反旗を翻した際に、彼らを守るために市内の大通り（エドサ大通り）に集結せよと市民に呼びかけ、「エドサ革命」の成功に重要な役割を果たしたシン枢機卿は、華僑系であった。しかし、これは中国の影響力とは関係がない。

(3)貿易、投資の関係

フィリピンから中国向けの輸出が近年急増しているのは確かであるが、前記一(7)のとおり、日本向け、米国向けを上回るには至っていない。しかも、フィリピンの中国向け輸出が伸びたと言っても、フィリピンに進出した日本の企業の工場が、中国に進出した工場に部品を供給している要素もあり、この点を筆者がフィリピンの要人に強調してきたことは、前記一(7)で述べたとおりである。

中国からの輸入については、中国とASEAN一〇カ国との自由貿易協定の発効後、ベトナム、インドネシアに対し、各国の一部の国内産業を脅かす形で増大していることが報じられているが、フィリピンに関しては、そのような現象は殆ど見られない。

直接投資については、前記のように日本の工場等が多大の雇用と外貨収入をフィリピンにもたらしているのに対し、そのような中国の直接投資は多くない。フィリピン当局の二〇一〇年の統計によれば、香港も含めた中国からの直接投資が全体に占める割合は、約三％に留まっている。これに対し、日本からの直接投資は第一位で、約三〇％であった。

(4)台湾との関係

戦後米国から独立したフィリピンは、米国の同盟国として「中華民国」と外交関係を有し、それを台北から北京に変更したのは、日本の場合の一九七二年よりも遅く一九七五年であった。台湾とは地理的にも非常に近く、現在も経済関係は深い。二〇一一年には、フィリピンの全世界からの輸入の中で、台湾からの輸入が、米国、日本、中国、シンガポール、韓国に次いで六位となっている。この点は、中国政府としては気になるらしく、二〇〇七年秋の中国の国祭日（国慶節）に筆者が招待されて出席した時には、中国大使がそのスピーチの中で、「一つの中国政策」に反することは許されない旨を強調していた。最近では、二〇一一年九月のアキノ大統領訪中の際の共同声明で、フィリピンが一つの中国政策を遵守することが、規定されている。

二〇一一年二月には、中国に在住する中国人に対してフィリピンから「振り込め詐欺」を行った中国人一〇人と台湾人一四人がフィリピンで逮捕されたところ、フィリピン当局が、中国人のみならず台湾人も中国に強制送還してしまったことから、フィリピンにおける台湾の実質上の「代表」が、これに抗議して台湾に引き上げてしまった事件があった。フィリピンの入国管理法上は特例の措置をとったようであり、フィリピン政府当局が、中国からの強い要求に対して、中台の間で以前より中国寄りの姿勢をとるようになったように看取された。

台湾には、フィリピンからの出稼ぎ労働者が約九万人も居るところ、台湾側は、台湾人の中国への強制送還についてフィリピン政府から何らかの謝罪が無い限り、この出稼ぎ労働者送り込みの審査を厳しくするとし、事態の推移が注目された。その後アキノ政権は、謝罪はしなかったものの、本件に関与した入国管理庁長官を更迭する等の措置をとり、事態が鎮静化し、台湾の実質上の「代表」もフィリピンに帰任し、出稼ぎ労働者の台湾受入れも通常の姿に戻った。

(5)中国との関係強化に向かったアロヨ政権

アロヨ大統領以前の歴代大統領の訪中は、マルコス(一九七五年六月)、コラソン・アキノ(一九八八年四月)、ラモス(一九九三年四月)、エストラーダ(二〇〇〇年六月)と、任期中一回だけであった。これに対しアロヨ大統領は、九年間大統領を務めたこともあるが、一〇回訪中している。即ち、アロヨ大統領は、二〇〇一年一〇月のAPEC上海サミットに出席。一旦帰国後、同月末に訪中。〇四年六月末の大統領再任後最初の外国訪問国として同年九月に訪中。〇六年一〇月末から一一月始めまで中国ASEAN特別首脳会議のため訪中。〇七年四月、海南島のボアオ・フォーラムに出席。〇七年六月に重慶、成都訪問。同年一〇月に上海、山東訪問。〇八年八月にオリンピックのため北京を訪問。〇八年一〇月にASEM首脳会議で北京訪問。二〇一〇年六月に上海訪問、と頻繁に訪中した。

なおアロヨ大統領の任期中の訪日は、七回であった。

中国側も、胡錦濤国家主席が、外交関係樹立三〇周年を記念して二〇〇五年四月にフィリピンを訪問。〇七年一月の温家宝首相のフィリピン訪問では、前記四で述べたとおり、共同声明で戦略的・協力的関係の強化が謳われ、両国が、相手の国祭日での祝辞等で「パートナーシップの黄金時代」と表現する関係となった。

⑹フィリピンにおける中国の援助案件の問題点

中国政府は外国政府への借款の供与に当たり、トップダウンで政治的決断をするので案件採択の決定が早いという特色があるとして、フィリピン関係当局から肯定的に認識された時期があったようである。筆者の二〇〇七年秋の着任前であるが、二〇〇六年夏にフィリピン側関係閣僚と日本ほかドナー諸国の代表との毎年の対話の場である「フィリピン開発フォーラム」が開催された際に、外国からの援助受入れ等を担当する国家経済開発庁のネリ長官（当時）が、「今後三年間に年二〇億ドルずつの中国からの借款を期待している」旨発言したことがあった由である。

ここで中国の援助は、例えば鉄道といった関心のある分野を示し、その分野について一定の借款額の枠を約束し、具体的案件は、その後両国間で協議して採択していくという方式であり、具体的案件を積み上げる日本の方式とは異なる。従って、巨額の枠を約束した時の政治的効果が目的とされている可能性が高く、その後、約束された枠の借款案件が実際に積み上がるかは不明である。更に、約束した案件についても実施まで至らないものが多いようである。

更に、中国の借款に関連して、中国企業からアロヨ政権に賄賂が提供されたとの噂が大きく報じられることがあった。例えば二〇〇七年秋、アロヨ大統領周辺に中国の大手通信企業ZTE社（「中興通信社」）から莫大な賄賂が流れたとの暴露がなされた。アロヨ大統領の政治的盟友であったデ・ベネシア下院議長の子息が、フィリピン全国の行政機関を高速通信網によって結ぶという「国家ブロードバンド通信網構築事業」を民活案件として受注したと思っていたところ、その事業を中国のZTE社に奪われ、その際にZTE社からアロヨ大統領の夫君等に莫大な賄賂が流れたと暴露したのである。このZTE社の事業は、同年四月のアロヨ大統領の訪中の際に三億数千万ドルの規模のものとして事業契約が結ばれ、中国輸出入銀行からフィリピン政府への借款の供与が約束されたものであった。デ・ベネシア氏は、アロヨ大統領の側近であったアバロス中央選挙管理委員長から、撤退すれば一千万ドルを撤退料として払うと約束されたとも暴露し、また、事業を認可する立場にあったネリ国家経済開発庁長官は、アバロス委員長から二億ペソ（約四億円）の賄賂を持ちかけられたと証言した。激しい非難を浴びた大統領は、収賄の事実は否定したが、本件事業を破棄し、アバロス中央選挙管理委員長は辞任。一〇月に訪中した大統領は、胡錦濤国家主席に対し本件契約の破棄を伝え、理解を求めた。

フィリピンの内政への影響については、アロヨ大統領側は、こともあろうに長年政治的盟友であったデ・ベネシア下院議長の子息が前記の暴露を行ったことに激怒し、下院議員であるアロヨ大統領の二人の子息が中心となって、長年権勢を誇ってきたデ・ベネシア下院議長を、議長の座から追い落す多数派工作を行い、翌二〇〇八年二月に議長解任決議が可決された。世論調査でのアロヨ大統領への不信任度は、二〇〇七年一〇月より二二％も上昇して七六％となり、二〇〇八年二月末には、アロヨ政権の退陣を求めてマニラで数万人規模の反政府集会が行われた。

二〇〇八年五月には、主要新聞の一面トップに、アロヨ大統領夫妻が香港訪問中であった二〇〇六年一一月に秘かに深圳側に移動し、ZTE社にゴルフに招待されていたとしてゴルフ中の夫妻の写真が掲載された。疑惑については、アロヨ政権は最後まで追及を許さなかったが、二〇一〇年五月の大統領選挙では、アキノ陣営が、アロヨ政権の腐敗の代表的な例として掲げ、同年六月末のアキノ政権成立後は、同事件を追及すると公約した。

二〇一一年一一月一八日、アキノ政権はアロヨ前大統領を、二〇〇七年の上院選挙において与党候補を不正に有利にする選挙妨害を行ったとして逮捕するに至ったところ、一二月二九日、アロヨ前大統領は、本件中国企業ZTE社との関係についても反不正・汚職法に反したとして夫君のアロヨ氏、前記のアバロス中央選挙管理委員長等とともに起訴された。今後の裁判の推移が注目される。

更にもう一つの中国からの借款に関連する問題が、二〇〇八年七月ごろ新聞で大きく報じられた。マニラから北方に約80キロ程伸びる「北ルソン鉄道」の改修計画である。報道によれば、第一区間についての巨額の借款が、二〇〇四年のアロヨ大統領の訪中時に両政府間で合意されたものであり、同事業は、中国のCNMEG（China Machinery and Equipment Group）社が受注していた。第一区間は二〇〇七年一月に工事を開始し、二〇〇九年には完成、運転開始の予定とされ、第二区間は二〇〇七年末に工事を開始し、二〇一〇年には完成の予定とされていた由であるが、数万世帯の住民移転が必要であり、二〇〇八年夏になっても工事が進捗せず、中国企業CNMEG社が撤退を考え、「撤退前に、既に支払った巨額の資金を取り戻したい」とフィリピン側に要求してきたと報じられたものである。フィリピンでは、事業用地に居住する住民の移転に相当の予算と説得努力を要するところ、このような問題の解決に困難を究めたものと見られるが、事業費の一部が、アロヨ政権周辺に流れたと報じられた次第である。

アキノ政権になってから、この案件が関係法に基づくと不正常なものであることが判明。二〇一一年九月のアキノ大統領訪中の際には、本案件の再検討が話し合われた（後記七(1)参照）。更に、二〇一二年九月末に、ロハス内務自治大臣（前年のアキノ大統領訪中の頃は、交通通信大臣として本件を担当）が、中国の南寧における中国ASEAN貿易展示会に大統領特使として派遣され、南シナ海の問題を巡って習近平国家副主席と話しあった機会に（後記七(2)参照）、前交通通信大臣として中国側当局と本案件についても話し合い、この案件を継続しないことが合意された。ただ、中国側から借款の返済を要求され、借款五億ドルの一部である一・八四億ドルを二年間かけて四分の一ずつ返済していくことが合意された旨報じられた。

前記一(5)で述べたとおり、中国の「援助」は、年利等の点で、市中で商業借款を借り入れるより有利であるとしても、OECD・DACの基準からしてODAと見なし得るものであるか不明である上に、当該プロジェクトの入札が、中国企業に限られる「タイド」である。更に、例えば前記のZTE社の「国家ブロードバンド通信網構築事業」のような場合には、ZTE社がアロヨ政権に働きかけて事業を獲得したのを見つつ、中国輸出入銀行が借款をつけたものであり、中国企業の中でさえ競争入札は行われていないと見られる。これに対し、日本等OECD諸国の場合には、特別の例外を除き、有償資金協力案件については国際的にアンタイドの入札が行われる。無償資金協力案件については、供与国の企業に入札を限定するタイドであっても、供与国企業の中で競争入札が行われる。入札は透明性を持って行われるし、OECDが作成した、外国公務員に対する贈賄を禁じる条約に加盟しており、これを担保する国内法によって、OECD諸国の企業は外国の公務員に対する贈賄を厳しく禁じられている。フィリピン当局によれば、ZTE社の事件を契機として、中国側が入札に当たって特定の中国企業を指定してくることはやめて欲しいとフィリピン側から要求するようになった由であるが、その後の実施ぶりについては、透明度が不足しているので不明である。

更に中国は、前記の「北ルソン鉄道」案件をフィリピン政府に約束するのと同時に、南沙諸島における合同調査の開始の合意をフィリピン政府から得たと報道されており、借款供与をテコに政治的目的を達成しようという傾向があると見られている（後記⑻参照）。

⑺国家体制、基本的価値観についてのフィリピン・中国間の相違

フィリピンは、一九四六年の米国からの独立後も、大統領制、強い上院と最高裁といった米国と同様の国家体制を維持し、また自由、民主主義、人権尊重という基本的価値観を欧米や日本と共有している。一九七二年の戒厳令布告から八六年の崩壊までのマルコス独裁政権は、その例外をなすものであったが、それが八六年の民衆蜂起によって倒されたからこそ、その後のフィリピンは、益々これらの基本的価値観を前面に出すようになった。

これに対し、共産党独裁体制をとる中国は、全く異なる国家体制と価値観を有する上に、フィリピンでは、独立後、共産ゲリラが政府を悩まし続け、未だに活動をやめておらず、共産党というものに対する拒否反応が残っている。

そのような中で、二〇一〇年一二月、フィリピンの駐ノルウェー大使が、反体制派中国人劉暁波氏に対するノーベル平和賞授賞式に欠席したことが、大きな衝撃を与えた。欠席した国の殆どが、フィリピンを除いて独裁色の強い国であり、アルファベット順に、アフガニスタン、アルジェリア、中国、キューバ、エジプト、イラン、イラク、カザフスタン、モロッコ、パキスタン、ロシア、サウディ・アラビア、スリランカ、スーダン、チュニジア、ベネズエラ、ベトナムの一七カ国（フィリピンを入れて一八カ国）であった。これに対し、日、米、EU諸国、韓国等の先進民主主義国は出席。その他の国の中でも、アルゼンチン、ブラジル、インド、インドネシア、タイ、トルコ、南アフリカ等は出席。出席は四六カ国（プラスEU大使）であった。なおASEAN一〇カ国のうち、前記のとおり、出席がインドネシアとタイ、欠席がフィリピンとベトナムに別れたところ、そもそもベトナムは対中警戒心が強いが、本件のように一党独裁体制の是非が問われるような案件については、ベトナムも中国に同調するという例の一つと考えられる。これら四カ国以外のASEAN諸国については、オスロに常駐する大使を置いていないので、出欠いずれにも数えられていない。

フィリピンの主要紙の論説、社説は、このアキノ政権の決定を強く批判した。「フィリピンは、ミャンマーのアウン・サン・スー・チー女史の解放をＡＳＥＡＮ諸国の中で最も明確に求め、欧米の世論に対して人権尊重の国であることを印象づけようとしてきたが、今後は、そのようなことはミャンマーに要求できなくなったではないか」といった論説も掲載された。

これに対しアキノ政権側は、「駐ノルウェー大使の兼轄国デンマークへの出張の予定がキャンセルできなかった」との「日程上の理由」を前面に出して切り抜けようとしたが、大統領自身が「中国で死刑判決を受けた麻薬密輸犯を減刑してもらう折衝を行っている最中なので中国に配慮した」とプレスに本音を語ってしまった。

しかし、「麻薬密輸犯の死刑判決を減刑してもらう必要が本当にあるのか。中国にとってみれば、フィリピンは圧力をかけると直ぐに譲歩するたやすい相手であるという認識を高めたに違いない。コラソン・アキノ元大統領時代から築きあげた民主主義及び自由の優等生というフィリピンの特質は大きく損なわれた」との批判を主要紙で浴びた。

ここでフィリピンは、総人口の約一割に相当する九〇〇万人以上の者を海外出稼ぎ労働者として出しており、これらの者の安全を計ることが、フィリピン外交の柱の一つとなっているという特殊事情が存在する。フィリピンは死刑を廃止したこともあって、麻薬の密輸が国際的に鎮圧すべき犯罪であるとしても、中国に収監中の麻薬密輸犯の死刑判決を減刑してもらうことが、国をあげての優先課題になってしまうという一種のパニック現象を起こすのが、フィリピン社会の特色である。

麻薬密輸犯への死刑の執行が迫る中で、一九九五年二月の中国の南沙諸島進出の頃に外相を務めたロベルト・ロムロ元外相が、二〇一〇年の年末から一一年二月にかけて「同盟国である米国との関係を強化すべきである」、「アキノ政権は、中国を怒らせるのではないかという意味のない恐怖感から、原則を欠いた対応を、その場しのぎで取っている」との批判を主要紙に投稿したことが注目された。ロベルト・ロムロ元外相から名指しではないが批判されたのは、実の従兄弟であるアルベルト・ロムロ外相（当時）であった。

⑻南沙諸島等の問題と、フィリピン・中国間の関係

南シナ海にある島々は、それ自体は小さいが、インド洋と太平洋を繋ぐシーレーンが通っており、かつ豊富に存在すると考えられる海底資源の関係、また漁業資源との関係で、領有の価値が高い。しかし、領有権が確定していない。

南沙諸島、西沙諸島、東沙諸島、中沙諸島のうち、西沙諸島（英語名はParacel Islands）については、ベトナム、中国、台湾が領有権を主張しているが、ベトナム戦争末期の一九七四年に中国と南ベトナム（当時）との間で交戦が行われ、中国が全域を制圧、以後事実上支配している。東沙諸島については、中国、台湾が領有権を主張しているが、一九四五年以降、台湾が事実上支配している。中沙諸島については、中国、台湾、フィリピンが領有権を主張しているが、事実上支配している国はない。

西沙諸島に関するベトナムと中国の対立とともに、南シナ海において対立が最も先鋭化している南沙諸島（英語名はSpratly Islands）については、中国、台湾、ベトナムが全部に対し、フィリピン、マレーシア、ブルネイが一部に対し領有権を主張している。なお日本は、戦前に南沙諸島を「新南群島」として編入したが、サンフランシスコ平和条約で、「新南群島及び西沙群島」の日本による放棄が確定した。ここで、どの国に放棄したかは同条約では規定されなかったので、日本は、前記の諸国の領有権主張のうち何れが正当であるかにつきコメントすべき立場になく、また米国をはじめとする他の域外国も、同様の立場をとっている。日米等の域外国にとって共通の関心事は、この地域の平和と安定が保たれ、インド洋と太平洋を繋ぐシーレーンの航行の自由が確保されるかであり、この確保を領有権主張国に対して要求する正当な権利がある。

領有権争いが本格化したのは、一九七〇年代になってからであり、一九六九年の国連の調査で南シナ海の海底に油田の存在が確認されたこと等が契機となったものと思われる。

南沙諸島の実効支配の状況としては、中国が七つの岩礁、ベトナムが二一の島や岩礁、マレーシアが三つの岩礁を支配し、台湾は、同諸島中最大の「太平島」を支配し、一千一〇〇メートル級の滑走路を有している。フィリピンについては、一九四九年に海洋研究所が、南沙諸島のうちフィリピンのパラワン島の西北にある八つの島と岩礁を無主の島として見いだし、一九七八年の大統領令により、カラヤン諸島（Kalayaan Island Group）との名称で領土として制定し、二〇〇海里の排他的経済水域も設定した。その際、ルソン島北部の西側沖合にあり、緯度的には南沙諸島よりもずっと北に位置する中沙諸島の一部であるスカーボロ礁（Scarborough Shoal）も、カラヤン諸島とともに領土として制定した（本書中の「南沙諸島等」との表現は、南沙諸島とスカーボロ礁という意味である）。フィリピンの支配する南沙諸島の八つの島のうち最大のパガサ島（Pag-Asa Island）には、約九〇〇メートルの滑走路もあり、二〇〇八年三月には、エスペロン参謀総長（当時）が視察している。パガサ島にフィリピン軍の兵士二、三〇名が、その他の七島に数名が、六カ月交代で配置されていると言われている。

中国は、一九九二年二月に領海法を制定した際に、南沙諸島も領土と明記した。これに危機感を覚えたＡＳＥＡＮ諸国は、同年七月のＡＳＥＡＮ外相会議で、平和的解決と沿岸諸国の自制を訴える「ＡＳＥＡＮ南シナ海宣言」を発表した。

その後中国が一九九五年二月に、フィリピンが領有権を主張する南沙諸島（カラヤン諸島）のミスチーフ（Mischief）岩礁に、台風の際の漁船の避難所と称する施設を建設してしまったことは前記五(3)で述べたとおりである。

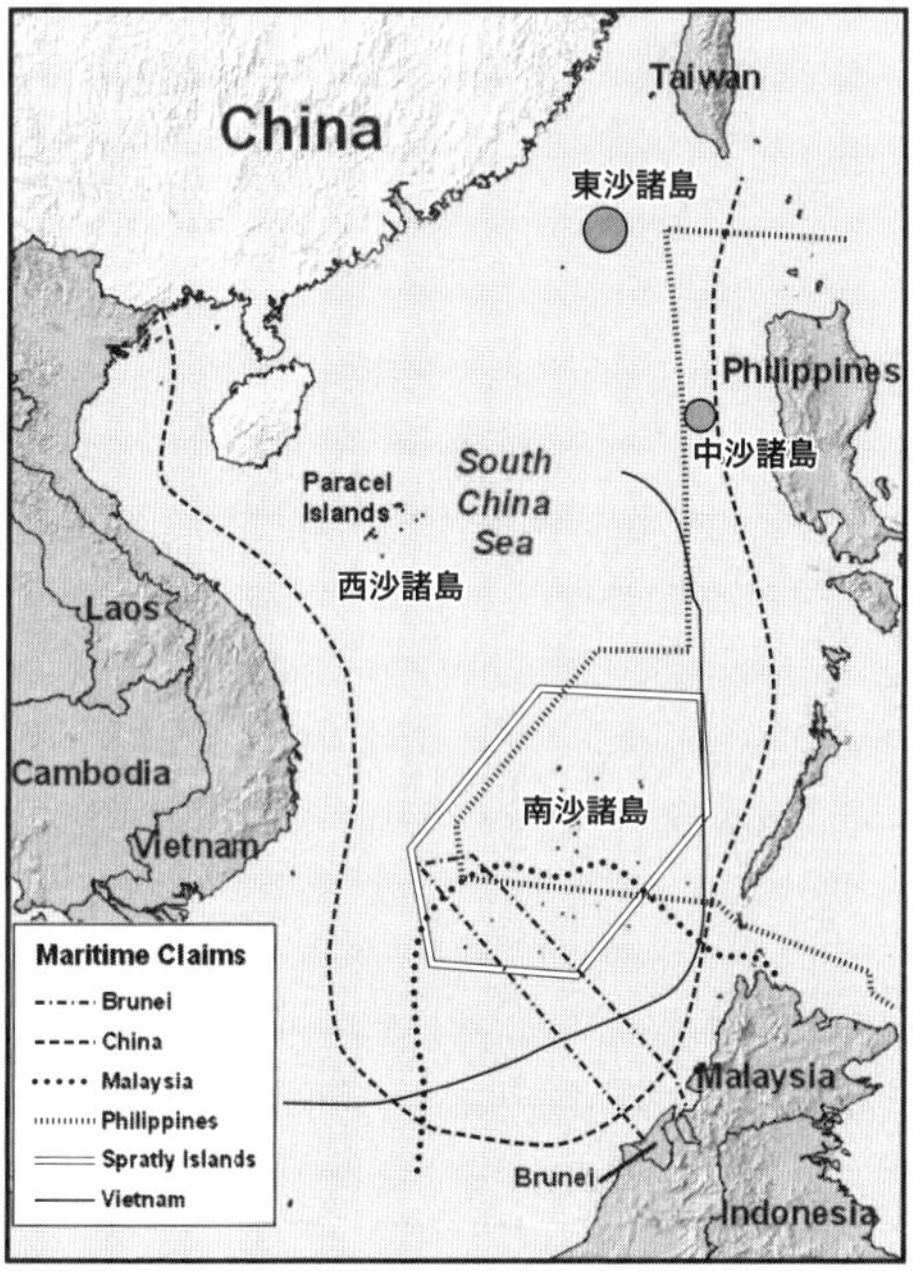

これに対しフィリピンは、米国軍隊の「訪問」を認める方向に動き「訪問する軍隊に関する協定」を一九九九年に発効させた（前記五(3)参照）他、ＡＳＥＡＮが連帯して中国に対処する方針を主導した。具体的には、ＡＳＥＡＮ関係国と中国との間の「行動宣言」作りに努力し、二〇〇二年一一月には、中国ＡＳＥＡＮ首脳会議で、

南シナ海における関係国の行動宣言（Declaration on the Conduct　DOC）が合意され、発表されるに至った。このDOCでは、(ア)国連憲章の目的・原則、国連海洋法条約、その他普遍的に定められた国際法等に対するコミットメントを再確認すること、(イ)南シナ海の航行と上空通過の自由を尊重するとのコミットメントを再確認すること、(ウ)領有権等の争いを国際法の原則に従い、平和的手段で解決すること、(エ)現在居住していない島、環礁等に居住する行動を含め、紛争を複雑化、激化させ、平和と安定に影響を及ぼすような行動を自制すること、(オ)合同、共同軍事演習を関係国に自発的に通報すること、(カ)「行動規範」（code of conduct）の採択が、この地域における平和と安定を更に促進することを再確認し、その達成に向けて作業すること等が合意された。

しかしその後フィリピンは、中国からの働きかけに応じ、関係海域での中国との合同調査に大きく方針を転換した。二〇〇四年九月にアロヨ大統領が、同年の大統領再選後の最初の外国訪問国として訪中した際、両国の国営石油公社の間で南沙諸島における合同調査に関する合意文書が署名されたのである。ASEANが連帯して中国に対処するとの前記の方針を主導していたフィリピン自身が中国に「一本釣り」されたことに、ベトナムは不快感を覚えたようであるが、一転ベトナムは参加することとなり、二〇〇五年三月にベトナムも含む三カ国の合意が形成され、八月から調査が開始された。アロヨ政権の方針変更は、フィリピン国内では前記(6)で述べたとおり、北ルソン鉄道建設に関する中国の借款という「エサ」に釣られたと非難された。特に二〇〇八年一月には、この調査の対象海域として、中国が領有権を主張していないフィリピン固有の二〇〇海里以内の海域まで含まれていると指摘され、中国からの借款と引き換えに主権を売り渡しのではないかとの論調が再び報じられた。〇八年三月には、野党系の有力上院議員が筆者に、フィリピンの主権を中国に売り渡すような合意は断じて許すことはできないと述べていた。これが、国内でアロヨ大統領批判が益々強まる一因ともなり、中国、フィリピン、ベトナムの合同調査は、二〇〇八年七月一日の契約期限切れの後、更新されなかった。

国連海洋法条約に基づき、フィリピンのような群島国家は、大陸棚を延伸する起点となる群島基線を二〇〇九年五月までに設定し、国連に届け出る必要があった。フィリピンの下院は当初、スカーボロ礁と、南沙諸島のうちフィリピンが領有を主張するカラヤン諸島とを、フィリピンの他の地域とともに大きな群島基線で覆う案を検討した。この案によると、そのような大きな群島基線から延伸する排他的経済水域や大陸棚は、相当大きなものになり、中国ほか関係国との摩擦は益々大きなものとなることが予想された。ここで行政府と上院の主張により、最終的には、カラヤン諸島とスカーボロ礁を除いたフィリピンだけを群島基線で覆い、カラヤン諸島とスカーボロ礁は別途の基線で覆うこととされ、そのような群島基線法が〇九年二月一七日に上下両院で採択された。

それでもカラヤン諸島とスカーボロ礁がフィリピンの領土とされたので、中国は翌一八日、「中国は、これら地域に対し、争うことのできない主権を有している。他国からの如何なる領土主権要求も無効である」との声明を発出している。ともあれ同法は、アロヨ大統領の署名を経て三月一二日に発効した。但し、四月八日にフィリピンが国連海洋法条約大陸棚限界委員会に届け出を行った大陸棚延伸からは、カラヤン諸島とスカーボロ礁からのものは除かれた。

二〇一〇年六月末に就任したアキノ大統領は、アロヨ前政権の「腐敗」を最も強く批判して当選した次第であり、その中で、中国の借款案件に関連する賄賂がいかに裁かれるかが注目されていることは前記(6)で述べたとおりである。他方、アキノ政権も含め、フィリピンの要路には「南沙諸島等における自国の領有権を中国から力をもって守ることはできない」という、自国の沿岸警備隊、海軍の決定的な弱さについての諦観があり、中国との間で事を荒立てたくないとの意識が強いことも筆者には看取された。アキノ政権発足直後の二〇一〇年七月にハノイで行われたＡＲＦ外相会議[注]では、米国のクリントン国務長官、議長国のベトナム外相、我が国の岡田外相をはじめ多数の外相が、南シナ海における領土紛争は係争国の間だけの問題ではなく国際的な関心事項であるとの趣旨の発言をして中国を牽制し、これに中国の揚外相が強く反発したが、同外相会議に欠席し外務次官を代理出席させたフィリピンのアルベルト・ロムロ外相は、マニラでプレスからの質問に応え、「米国の関与には賛成できない」とするコメントを行い、内外の関係者を驚かせた。但しロムロ外相は、アロヨ政権の外相であったのに、同政権を最も強く批判して当選したアキノ大統領の外相として続投させてもらったことに強い批判を浴びており、また外務省事務当局との折り合いも極めて悪く、更迭近しと言われていたことから、前記の外相コメントが、フィリピン政府の公式見解であるかについては強く疑念が持たれた。

八月にはマニラの中心部で、香港人観光客が乗ったバスがハイジャックされ、フィリピン当局の処理がもたついたことから香港人八名が犠牲となったところ、九月にフィリピン政府がパガサ島（前記のとおり、フィリピンが領有する南沙諸島の島としては最大の島）に対し調査団を派遣する予定であると新聞等が報じた際に、駐フィリピンの中国大使が「バスジャック事件を両国が解決しようとしている時期に本調査団派遣は遺憾である」としてフィリピン外務省に抗議し、圧力をかけている。

中国の南シナ海に対する態度が益々強硬になってきたことは、アキノ新政権の内外で懸念され始めた。そしてアキノ政権は、「南シナ海の問題は中国とそれぞれの関係国との二国間だけで話しあうべし」とする中国に対し、「ＡＳＥＡＮ側関係国すべてと中国との間で話しあうべし。更に、領有権主張国以外の国も出席する多数国間会議でも取りあげるべし」との立場を、ベトナム等他のＡＳＥＡＮ関係国とともに明確にする方向に向かっていった。また、前記のとおり二〇〇二年に中国ＡＳＥＡＮ首脳会議の際に合意された行動「宣言」（Declaration on the Conduct　略称ＤＯＣ）を法的拘束力のある行動「規範」（Code of Conduct　略称ＣＯＣ）とすべきであるとの立場も、ベトナム等他のＡＳＥＡＮ関係国とともに明確にするに至った。

これに対し、パラワン島等のフィリピン固有の領域の中でさえ、そこで違法操業する中国漁船の船長をフィリピン当局が逮捕すると、中国が釈放を要求してくる態度が益々高圧的になってきた由であり、フィリピン政府は、不快感を高めた趣きであった。

注　ＡＲＦ（ASEAN Regional Forum　ＡＳＥＡＮ地域フォーラム）は、ＡＳＥＡＮ加盟国、ＡＳＥＡＮの対話国である日本、中国、韓国、米国、ロシア、豪州、ＥＵ等の外相がＡＳＥＡＮ拡大外相会議のために毎年七月にＡＳＥＡＮの議長国に集合する機会を利用して、アジア太平洋地域の安全保障問題を多数国間で議論する政治安全保障対話の場として一九九四年に開始された。これが日本の発案であったことについては後記九(5)参照。現在ではインド、北朝鮮等も参加して二六カ国プラスＥＵとなり、重要なフォーラムとなっている。

(9)尖閣諸島周辺での漁船衝突事件に対するフィリピンの反応

二〇一〇年九月に発生した同事件は、前記(8)で述べたように、中国の態度が益々高圧的になる状況下で起きたこともあり、この問題についての筆者の説明に対するフィリピン政府高官の対応は、具体的には本書では書けないが、好意的なものであった。

フィリピンの主要紙については、例えば一〇月二七日付けのインクワイアラー紙(Inquirer)は、「日本が船長を拘束したことは非常に理解し得る対応であった。日本は、その合理的で分別ある対応により、また、自らの力と優越性に酔った中国の予測不可能性を地域に知らしめたことにより、明らかにこのプロパガンダ合戦に勝利したといえる。中国は最近、その短気さ、及び紛争を一方的に解決するために軍事力を行使する用意があることを示す兆候を見せ始めた。ドラゴンは正体を表し始めたのであろうか。フィリピンがパラワン島近くで六二名の漁民を拘束した際も北京は非常に高慢な方法で抗議した。」と社説で論じている。

尖閣諸島周辺での漁船衝突事件に関連してNHKが南シナ海の問題に対する関係国の対応を特集する番組を制作した際、フィリピンのガズミン国防相は、NHKのインタヴューに応え「米軍は、中国の拡大路線に対する抑止力となる」と明言し、これは、二〇一〇年一〇月一六日にＮＨＫから放映されている。筆者はこの番組を英語版で見ていたところ、ガズミン国防相が、中国のことを「レッド・チャイナ」と言ったことに関心を抱いた。同国防相は、現大統領の母であるコラソン・アキノ元大統領の大統領府警護隊長を務めたことのある年配の退役軍人であり、この世代の軍関係者には、共産党嫌いが多い。

七、南沙諸島等の問題の最近の展開

⑴二〇一一年の動き

二〇一一年に入り、フィリピンが領有権を主張する南沙諸島の海域で、中国艦船が、フィリピン側の資源探査を妨害したり、同海域内の岩礁に構造物を新設する機材を持ち込む事例が増えた。先ず、同年二月二五日には、南沙諸島の海域で、フィリピン漁船が中国艦船から威嚇射撃を受けたと報じられた。更に三月二日、フィリピンが領有を主張するリード岩礁でフィリピンのエネルギー省所属の調査船が資源探査を行っていたところ、中国の哨戒艦二隻に航行を妨害され、域外退去を要求された。

同三月には、中国で三人のフィリピン人の麻薬密輸犯が処刑された。即ち、前記六⑺で述べたとおり、前年一二月の中国人反体制派へのノーベル平和賞授賞式に対する欠席の理由としてアキノ大統領は「死刑判決を受けた三人の麻薬密輸犯の減刑につき折衝中なので中国に配慮した」との趣旨の「本音」をプレスに語ってしまった次第であり、二〇一一年二月にビナイ副大統領が死刑執行停止の要請のため訪中した際には、中国は、この執行を暫時延期したが、三月三〇日に、結局この三人への死刑を執行したものである。その後駐フィリピンの中国大使館が「麻薬犯罪は鎮圧されるべきである」等々とプレスに説得する努力を払ったためか、反中国的世論が沸騰することはなかった。

しかし、フィリピン政府は、中国に他の案件で相当譲歩しても死刑執行を止められなかったことへの反省からか、また、外相が「中国に遠慮しすぎる」と見られていたアルベルト・ロムロ外相からアルバート・デル・ロサリオ外相に交替したためか、中国への対応について更なる軌道修正を計っているように思われた。

デル・ロサリオ新外相は、財界人として米国との関係が深かった上、アロヨ大統領に政治任用されて二〇〇一年から〇六年まで駐米大使を務めたことがあり親米的である。現に新外相は、四月四日に筆者を含む外交団を招待して行った就任レセプションにおいて、「安全保障、経済外交、海外フィリピン人労働者の権利保護が引続きフィリピン外交の三本柱である」とし、安全保障の強化について「ASEANが安全保障の強化の基礎であり、個々の加盟国との二国間関係を強化する。他国との領有権問題の解決にASEANとして取り組む」とした上、「米国との強固な防衛協力関係を構築する」と述べた。なお、それに引続き「中国、インド、日本の他、韓国、豪州、ニュージーランド、インドネシア等の地域のパートナーとの互恵的な安全保障対話を行う」と述べたところ、インドに日中並みの重要性が置かれたことが興味深かった。中国、インド、日本の順は、アルファベット順と思われる。

四月五日には、フィリピン政府が、中国が二年前に南シナ海の諸島の領有権を主張して国連に提出した文書に公式に抗議し、南沙諸島のうちフィリピンが領有権を主張する島や岩礁、及びスカーボロ礁に対する権利を留保する趣旨の公式文書を国連に提出したと報じられた。同報道によれば、中国は、二〇〇九年五月六日にマレーシアとベトナムが南沙諸島に関する自国の主張を盛った公式文書を国連大陸棚限界委員会に提出した翌日の七日、南シナ海全域を「牛の舌の形をした九つの破線」で囲み、その海域の中にある島や礁を中国のものとして主張する趣旨の公式文書を国連に提出したが、南シナ海に対する領有権を主張していないインドネシアさえ二〇一〇年に中国の主張に反論する趣旨の公式文書を国連に提出したのに、フィリピンは、中国の主張に対する反論をこれまで控えてきたと報じられたものである。なおインドネシアは、南シナ海の南に隣接するナツナ海におけるインドネシアの排他的経済水域に中国の漁船が侵入した際に拿捕しようとすると、中国当局が中国の海域であるとして右拿捕に高圧的な対応をとることに大きな懸念を抱いているようである。

四月一四日には中国が、四月五日にフィリピンが国連に提出した前記の文書に反論する文書を国連に提出したが、この中で、フィリピンは一九七〇年代から中国の南沙諸島に「侵略を開始した」等の強い文言が使用されていると報じられた。

五月にアキノ大統領が中国を公式訪問することが相当固まっていたことが知られていた

が、この四月中旬頃から、同大統領は五月の訪中を延期する可能性を示唆し始め、結局、五月の訪中をとりやめてしまった。

筆者は、フィリピンが、主権国家として譲歩すべきでない案件については中国の反応を虞れずに原則を貫くとともに、その後ろ楯となる米国との同盟を重視する路線に戻ったと感じながら、四月末に離任した。以下は、筆者が本件を主としてフィリピンでの報道や関係国政府の発表等に基づいて東京からフォローしてきたところを記したものである。

五月下旬には、フィリピンが領有を主張するエイミーダグラス岩礁（別名イロクイス岩礁）で、中国艦船と見られる艦船が建設資材や海上標識の如きものを降ろすのが確認され、これらは、フィリピン海軍によって撤去されたと報じられた。

六月七日、デル・ロサリオ外相は、エイミーダグラス礁での中国の動きについて、南シナ海における行動宣言（ＤＯＣ）の「現在居住していない島、環礁等に居住する行動を含め、紛争を複雑化、激化させ、平和と安定に影響を及ぼすような行動を自制することを約束する」との条項が攻撃的に破られていると述べた。

六月二三日にデル・ロサリオ外相が訪米した際には、クリントン国務長官と南シナ海の問題を協議し、クリントン長官が、米国は米比相互防衛条約の義務を遵守すると述べるとともに、フィリピンの自衛上必要な装備等の提供を検討すると述べたと報じられた。二八日には、南沙諸島に近いパラワン島を拠点として、米国とフィリピンの海軍の合同演習が開始され、七月八日まで行われた。

七月二三日にインドネシア・バリ島で開催されたARF外相会議については、中国は、南シナ海についての行動「宣言」(DOC)を法的拘束力のある行動「規範」(COC)にすべきであるとの立場をフィリピンをはじめとするASEAN側がとっていることに対し、行動「規範」(COC)の作成に直ちに合意することは避けつつ、これに向うガイドラインをASEAN側と直前に合意しておくことで、このARFを乗り切った。前年のARFでは、この問題につきクリントン米国国務長官、日本の岡田外相、議長のベトナム外相を含む多数の参加者から牽制を受けたことに懲りていたからであろう。そのような中で、フィリピンのデル・ロサリオ外相は、中国の南シナ海における領有権の主張には正当性がない等、明解な発言を行った。

八月三〇日から九月三日に、五月に予定されていたアキノ大統領の訪中が実施された。当然ながら、このような首脳の往来の場合、両国関係の肯定的な面が強調されるものであり、共同声明では、両国間の戦略的・協力的関係の強化が約束された。また大統領の母コラソン・アキノ元大統領の曾祖父の出身地である福建省訪問も実施された。合意内容としては、共同声明によれば、五年間で貿易総額の目標を六〇〇億ドルとすること(二〇一〇年頃の貿易総額を六倍増することとなる)、中国とASEANを結ぶ海上ハイウェーの構築につき議論すること等が合意された他、南沙諸島等の問題の関連では「海洋に関する紛争が両国間の友好と協力のより幅広い構図に影響を及ぼさないこと」が合意された。また紛争には平和的対話で対処し、地域の平和、安全、安定と経済発展のための環境を維持することが言及された。二〇〇二年の南シナ海における行動「宣言」(DOC)を尊重し、遵守する旨のコミットメントが再確認されたが、これを法的拘束力のある行動「規範」(COC)にする旨の合意は、共同声明には規定されていない。なお、前記六(6)の北ルソン鉄道の問題については、フィリピン側が「再構成」(reconfigure)したいとし、中国側もこれを了承した模様である。これは、この鉄道借款案件をアロヨ政権時代に合意された形では実施しないことを意味するものと思われた。

その数週間後のアキノ大統領の訪日の際には、南シナ海の問題については、九月二七日に発出された共同声明によれば、アキノ大統領が南シナ海における行動「宣言」(DOC)へのコミットメントを再確認するとともに、大統領と野田総理が、法的拘束力のある行動「規範」(COC)が早期に作成されることへの希望を表明した。また両首脳は、南シナ海の平和と安定が国際社会の共通の関心事項であることを確認した上、シーレーンを共有する両国の首脳として、航行の自由、円滑な商業活動、国際法の遵守、紛争の平和的解決の重要性を確認している。更に、日本の海上保安庁とフィリピンの沿岸警備隊との協力の強化、日本の海上自衛隊幕僚長とフィリピン海軍司令官の相互訪問、両機関間の幕僚協議の実施、海上自衛隊艦船のフィリピン寄港等が約束された。

ASEAN諸国の間の連帯は重要であり、例えばEAS（東アジア・サミット）の前の一〇月下旬、ベトナムのサン国家主席がフィリピンを訪問した際、アキノ大統領との間で、南シナ海の問題についての協力強化が合意されている。この頃、中国の「環球時報」（グローバル・タイムズ）がフィリピンを威嚇するような社説を掲載。これに対し、デル・ロサリオ外相が「極めて無責任な威嚇である」と反発した旨報じられている。

一一月一五日には、バリ島でのサミットの直前にクリントン国務長官がフィリピンを訪問し、米国が日本等と行っているのと同様の「2プラス2会談」（両国の外相・国務長官と国防相・国防長官の四者会談）を米比の間でも翌年から開始し、両国間の防衛協力を強化することが合意された。

同年一一月一七日から一九日までインドネシア・バリ島で行われたASEAN関連首脳会議の際のEAS（東アジア・サミット）では、これに初めて参加したオバマ米国大統領をはじめとして、野田総理を含む殆どの参加者が「海洋の安全保障」の問題をとりあげ、中国を牽制する形となった。ASEAN各国も、カンボジア等を除き、同問題に何らかの形で言及したところ、最近の中国の海洋への進出における高圧的な姿勢に対し、ＡＳＥＡＮが全体として中国を牽制する方向に大きく向かったことを象徴するものとして注目された。

同サミットの共同声明では、この問題に関し、国際法の遵守、航行の自由、平和的解決等が言及されたところ、中国も、このような原則自体については反対できなかったのであろうが、そもそも中国は、南シナ海の問題は、自国と周辺の領有権主張国それぞれとの二国間の関係と主張し、域外国の関与を強く嫌ってきた。従って中国としては、このような多数国間の協議の場で、南シナ海の問題が議論されることは、是非とも回避したかったところであろう。

そのような方向にＡＳＥＡＮが全体としては向かった、或いは、向かうことができた背景としては、米国のオバマ政権が、中国の「台頭」を放置できないとしてアジア太平洋を最も重視する政策に大きく舵を切ったことが後ろ楯となったと考えられる。特にフィリピンについては、前記のとおりクリントン国務長官がフィリピンを訪問して、「２プラス２」の開始をはじめ両国間の防衛協力を強化することが合意され、デル・ロサリオ外相が中心となって中国の高圧的な出方をベトナム等とともに牽制する姿勢を明確にすると同時に、米国の同盟国としての立場を鮮明にした次第である。

オバマ大統領は、ASEANを中心とするアジア太平洋地域の協力の枠組みの構築が進む中で、EAS（東アジア・サミット）に米国がロシアとともに参加することが決定されたことを受けてバリ島に向う前に、豪州を訪問し、同国の北部への二千五〇〇人の海兵隊の構築を目指したロテーションの展開を開始する旨発表している。また二〇一二年に入ると、一月五日には、新国防戦略を発表する中で、中国の台頭は米国の安全保障に様々な影響を及ぼす可能性があると指摘し、アジア太平洋地域に戦力を重点的に配備する方針を明確にしている。また米国は「予算削減がアジア太平洋地域を犠牲にすることはない」として、この地域での米軍のプレゼンスを維持する趣旨を述べている。

日本は、南シナ海の問題は「国際社会全体の関心事である。国際法の遵守、航行の自由、平和的解決が確保されなければならない」と主張し、米国や殆どのASEAN加盟国等とともに、中国を牽制する側に立った。他方、中国に、包囲網を構築されたとの孤立感を味合わせるのは得策ではなく、また、どの国も中国との関係が悪化することを回避しようとするのは当然である。その意味でも、一二月に野田総理の訪中が実現したのは、有意義であったと考えられる。

⑵二〇一二年の動き

一月二六、二七日に、ワシントンで米比両国の局長級の安全保障協議が行われ、この分野での協力強化が話し合われた。これに対して二九日、中国の環球時報（グローバル・タイムズ）は「フィリピンが米国に追従するなら痛い目にあう。中国はフィリピンとの経済関係を冷却化することができる。原則を貫く大国中国は、小国が地域外の大国を引き込んで当該地域に軍事的緊張を引き起こすことを許さない。中国の原則に背く者は、何者であれ対価を支払う」などと報じた。

一月三〇日から二月一日には、日本の海上保安庁の哨戒機がマニラに飛来し、フィリピン沿岸警備隊との連携を強化した。そもそも日本はＯＤＡにより、フィリピンの沿岸警備隊の強化のために、専門家派遣や通信施設の整備等を通じ多大の協力を行ってきた経験がある。この面での協力強化は、前年のアキノ大統領来日の際に首脳レベルで合意された重要事項の一つであった。

さて四月以降、南沙諸島ではなくスカーボロ礁で、中国とフィリピンが厳しく対峙する事案が発生した。即ち、四月八日、フィリピン海軍哨戒機が、スカーボロ礁内に停泊中の中国漁船八隻を発見（中国側発表では十二隻）。前年米国から購入したハミルトン級の哨戒艦をパラワン島から現場に派遣。一〇日に哨戒艦の乗員が中国漁船を臨検し、違法に捕獲されたサンゴ等を発見した。これに対し、スカーボロ礁を黄岩島と呼称して領有権を主張する中国は、海洋監視船二隻を派遣し、フィリピン哨戒艦と中国漁船の間に停泊させ、漁民の逮捕を阻止。中国漁船は、捕獲物をフィリピン当局に没収されることなく、その場を立ち去った。その後も、現場では睨み合いが継続する中で、両国政府は、自国の領有権を主張し、相手国に抗議する声明を出すとともに、両国外交当局間で、更に事態を悪化させるような行動はとらないこと、平和的に解決すること等が断続的に話し合われた。しかし、それぞれの艦船が、一部又は全部撤退したという報道がなされる一方、再度派遣されたとの報道もなされ、睨みあいが継続していると見られた。なおフィリピンは、海軍の哨戒艦を撤退させ、沿岸警備隊の船舶に差し替えた。

一六日には、米比間の毎年の軍事演習である「バリカタン」が、南沙諸島に近いパラワン島の近くを含む海域で予定どおり開始され、二七日まで行われた。米軍約四千五〇〇人、フィリピン軍約二千三〇〇人の他、日本、韓国、豪州、インドネシア、マレーシアのオブザーバーもマニラでの机上訓練に参加した。パラワン島付近での演習は、侵略された天然ガスの施設の奪回をはかるもので、マニラでの机上訓練は、災害訓練を目的としたものであった。

一七日、デル・ロサリオ外相は、国際海洋法裁判所へ事案を付託する方針を明らかにしたが、中国は拒否したと報じられた。

四月下旬になると、フィリピン政府の予算管理庁のサイトやフィリピン大学のサイトが中国からと見られるサイバー攻撃を受け、中国の国旗が掲載され、「中国と火遊びをするな」等の書き込みが行われた旨が報道された。

三〇日には、ワシントンにて、米比両国の外相・国務長官、国防相・国防長官が出席して初めての「2プラス2」が行われた。

五月九日には、デル・ロサリオ外相が声明を発表し、米比相互防衛条約の適用範囲には南シナ海も含まれることが、一九九九年五月に当時の駐フィリピン米国大使からフィリピンの外相に書簡で確認されていると指摘。更に、相互防衛条約に基づく義務を米国が守ることが二〇一一年六月にクリントン国務長官から自分（デル・ロサリオ外相）に、また、前の週に行われた米比間で最初の「2プラス2」でもクリントン長官から確認された旨述べた。

この頃、中国から一種の「制裁」措置が課され始めた。即ち、中国国内の旅行会社がフィリピンへの団体旅行の中止を開始した。更に、中国当局は、フィリピン産バナナから害虫が見つかったとして検疫を強化する旨発表。これに対してアキノ大統領は、バナナについては中国に代替する市場を探し輸出先を多角化すべしと関係省庁に指示。他方、関係閣僚は、中国市場を失いたくないとして、検疫という技術的な問題として解決したいとした。

五月中旬には、中国、フィリピン双方の漁業当局が、五月一六日から八月一日までの間、ないし七月一五日までの間、関係海域で禁漁とすると発表した。これは、両国が、それぞれの領有権についての主張は維持したまま、実際上、それぞれの国の漁船の操業を禁漁とすることにより、関係海域に双方の漁船が存在しない状況を作ることにより、事態を鎮静化させることが協議されたことを意味すると見られた。しかし、中国の漁船が当該海域に入漁してくる事態は解消しないようであった。

五月二三日には、フィリピン外務省が、中国艦船、漁船が大幅に増派されたことに強い懸念を表明するとともに、中国側に即時撤退を要求した旨発表した。折から、デル・ロサリオ外相が国連において本件をとりあげるため訪米中であったところ、中国側がこれを牽制したものと見られたが、二三日、デル・ロサリオ外相は予定通り国連で、本件について調停を通じた平和的解決を訴えた。

二四日、アキノ大統領は、中国による団体旅行の中止に関し、外国人観光客のうち中国人は五%しか占めないとして、他国からの観光客誘致により補完できると述べた。なおフィリピンへの観光客のうち、韓国人が最多、米国人が二位、日本人が三位で、中国人は四位である。他方、バナナの対中輸出については、大型コンテナによる荷揚げが許可されたと農業相が発表した。

六月五日には、フィリピン大統領府により、スカーボロ礁内で睨み合いを続けていた両国の艦船がすべて引き揚げたこと、しかし礁内には、前記のとおり中国が禁漁を発表したにもかかわらず中国漁船が三〇隻残っており、周辺海域には、中国の監視船八隻、フィリピンの艦船二隻が依然停泊していることが明らかにされた。

六月八日にはアキノ大統領が訪米してオバマ大統領と会談。会談後ホワイトハウスが発表した文書によれば、南シナ海の問題については、アキノ大統領から状況説明があり、両首脳は、航行の自由、国際法の尊重等の重要性を強調した。また両首脳は、領有権問題の解決に当たっては、国際法に合致した方法で、また、力による強制や行使なしに、関係国間で協働の外交的プロセスでなされるべきことを強く支持した。オバマ大統領は、ASEANが中国との間で南シナ海に関する行動規範（Code of Conduct）に合意しようとする努力を支持する旨も表明した。更に両首脳は、両国間の相互防衛条約へのコミットメントを再確認するとともに、前記のとおり四月に行われた「2プラス2」会談の結果を歓迎。オバマ大統領は、最小限の信頼性ある防衛態勢を構築するフィリピンの努力への米国の支持を再確認するとともに、その証左として、米国沿岸警備隊からの二隻目の艦艇の供与や、フィリピンの国家沿岸警備システムへの支援、二国間演習や訓練の増大を挙げた。アキノ大統領は、米国がアジア太平洋に対し戦略的重点を置くことを再確認していることを歓迎した。

更に、クリントン国務長官はアキノ大統領を招いての昼食会で、「海洋の問題について緊密な情報交換を行っている」、「フィリピンの国家沿岸警備センターの建設、装備の提供、訓練への支援を発表する」、「南シナ海の問題については、米国は、領有権主張のいずれにも肩入れしないが、航行の自由、国際法の遵守等は、明らかに米国の利益でもある」、「アキノ大統領がスカーボロ礁について緊張を緩和するために採った措置を歓迎する」、「いかなる領有権主張国によるものであっても、力の行使や力による強制には一貫して反対する。我々は状況を密接にモニターし続ける」等述べ、中国を牽制した。これに対し、アキノ大統領は、米国海軍の艦船の六割をアジア太平洋に集中させるとの米国の方針を歓迎する趣旨の挨拶をしたと報じられた。

六月二一日、ベトナムが南沙諸島や西沙諸島の領有権を明記した海洋法を採択したのと同日、中国が、西沙、中沙、南沙諸島の島・礁及びその海域を管轄する「三沙市」を設置し、その機関を西沙諸島の「永興島」に置いた。フィリピンは七月四日、この設置に抗議している。

その後も、スカーボロ礁の現場においては、フィリピン側艦船が引き上げているのに対して、礁内に中国の漁船が入り、礁周辺には艦船が引続き留まっているようであり、更に七月には、中国が礁内への入り口に障害物を設置した旨が報道された。他方フィリピンは、南沙諸島の中で支配する島としては最大のパガサ島において公立幼稚園を設立し、これに中国が抗議している。

さて、二〇一二年も後半に入り、七月九日から議長国カンボジアのプノンペンで恒例のASEAN関連外相会議が行われたところ、南シナ海の問題を巡ってASEAN内の意見がまとまらず、一三日に共同声明の発出を断念するとのASEAN史上異例の事態が生じた。もとより本件問題を巡っては、中国に対して行動規範（COC）の早期策定をどの程度強く要求するか等を巡ってASEAN内に立場の相違があるが、共同声明が発出できなかったのは、「ASEAN内が割れた」というよりも、近年ASEAN内で最も中国寄りの姿勢をとるカンボジアが本年の議長国であり、中国が難色を示すような文言とすることをASEAN内の協議で一切受けつけなかったことが原因であった模様である。「ASEAN内が割れた」という印象を国際社会に与えて得点を稼いだのは中国であった。

このようなASEANにとっての異例の事態を受けて、ASEAN最大の国でありAS

EANの一体性確保を最も重視しているインドネシアのマルティ外相が七月一七日から一九日までフィリピン、ベトナム等を回り、関係国の了承をとりつけた上で、カンボジアの外相から、以下に対するコミットメントを再確認する趣旨のASEAN外相共同声明を七月二〇日に発出させた。即ち、①南シナ海に関する行動宣言（DOC）の完全な実施、②DOCのガイドライン（前年七月に合意されていたもの。一二四ページ参照）③行動規範（COC）の早期妥結、④国連海洋法条約を含む国際法の諸原則の完全な尊重、⑤全ての関係国による自制及び武力不行使の継続、⑥国連海洋法条約を含む国際法の諸原則に則った紛争の平和的解決等である。なお、この共同声明では、スカーボロ礁等の文言は言及されていない。フィリピンが外相会議の時点で、かかる文言を入れることを主張したと言われているが、外相会議での共同声明の発出失敗は、フィリピンがこの文言に固執したためではなかったと言われている。

時点をASEAN関連の外相会議の時期に行われたEAS（東アジア・サミット）参加国外相会議（七月一二日）に戻すと、玄葉外相よりは、南シナ海の問題は、アジア太平洋地域の平和と安定に直結する国際社会の関心事項であることを指摘し、最近の情勢にも触れつつ、問題の平和的解決を期待する旨発言した。その上で、同外相は、すべての関係国が国連海洋法条約を始めとする関連国際法を遵守するとともに、対話を通じて問題を平和的に解決すべきである旨述べた。

ＡＲＦ外相会議（同一二日）においては、玄葉外相よりは、前記のＥＡＳ参加国外相会議と同様の趣旨を発言。各国からも、国連海洋法条約を含む国際法規に基づいて平和的に解決すべき旨の発言があり、また、中国とＡＳＥＡＮの間で協議されることとなっている「行動規範」（ＣＯＣ）が早期に策定されることへの期待を表明する国もあった。議長国のカンボジア、中国、フィリピン、ベトナム、米国等は、それぞれの立場で発言した模様である。

九月になってロハス内務自治大臣が、中国の南寧における中国ＡＳＥＡＮ貿易展示会に大統領特使として派遣され、南シナ海の問題を巡って習近平国家副主席と会談し、関係改善につき話しあった。ちょうど日中関係が緊張していた九月二一日であったので、中国がフィリピンとの関係は改善した方がよいと考えた可能性があろう。

一一月にカンボジアで行われたＡＳＥＡＮ関連サミットの際には、先ず一八日にＡＳＥＡＮ一〇カ国だけのサミットが行われた後の議長声明の「南シナ海」と題する部分においても、ＡＳＥＡＮと中国との間の「行動宣言」（ＤＯＣ）の重要性が言及され、その完全な実施へのコミットメントが再確認された。「行動規範」（ＣＯＣ）については、あえて言えば、七月のＡＳＥＡＮの６原則が言及されているので、その③（「行動規範（ＣＯＣ）の早期妥結」）が間接的に言及されていると言えるのかもしれないが、ＣＯＣへの直接の言及はない。いずれにせよ、領土に関連する係争を脅迫や力の行使に依らずに平和的手段で解決すべきこと、関係国の自制の重要性、国連海洋法条約をはじめとする国際法の諸原則等が言及されている。

ところで、翌一九日に日本ＡＳＥＡＮサミットが開催された際、フンセン首相が議長としての締めくくりの発言において、「前日のＡＳＥＡＮ一〇カ国だけのサミットにおいては、本件は、国際問題化しないことにコンセンサスがあった」との趣旨の発言を行い、これに対し、アキノ大統領が直ちに、そのようなコンセンサスはないとの発言を行ったと報じられた。議長国であるカンボジアが、引き続き中国寄りの姿勢を取っていることを窺わさせるエピソードであった。

二〇日に行われたＥＡＳ（東アジア・サミット）においては、オバマ大統領は、平和と安定の維持、国際法の尊重、合法的な交易が妨げられないこと、航行の自由に米国の国益があることを再確認するとともに、拘束力のある行動規範（ＣＯＣ）に関する進展を関係国に奨励すると発言した。また、海洋の安全保障につき、アジア太平洋のパートナーと能力の向上等の協力を一貫して行っている旨も発言した。フィリピン、日本等も同様の立場で発言し、他にも多数の国が、海洋の安全保障の問題につき発言したところ、中国は、「先ずは行動宣言（DOC）の実施が必要である」等としてCOCの策定を遅らせる姿勢を示した上、本件の国際問題化に反対する趣旨の発言を行った模様である。同EASの議長声明では、海洋の安全保障、航行の自由、建設的な対話の継続、紛争の平和的解決、国際法の原則の尊重等が言及されているが、それが南シナ海に関するものであるとする言及はない。

以上のとおり、二〇一二年のASEAN関連サミットでは、本件問題につき中国がカンボジアが議長国であることを活用して、相当巻き返しを計ったのではないかというのが筆者の印象である。

その後のスカーボロ礁の状況については、デル・ロサリオ外相は一一月二三日、フィリピン士官学校における講演で、中国の艦船が未だ三隻留まっており、撤退を要求した旨述べている。更に、中国が最近導入した旅券に南シナ海が含まれる形の地図が記載されていることに対し、フィリピンは抗議するとともに、この旅券そのものには、入国のスタンプを押さないこととしたと報じられている。

このように、フィリピンは南シナ海において中国と最も先鋭に対峙せざるを得ない立場に置かれ、米国という安全保障上の「後ろ楯」を有していることを最大限に活用して懸命に対処しているところ、その対処ぶりを見ると、ASEAN一〇カ国の中で、中国への警戒心を最も強く有し、かつ表明する国となった感がある。

八、ラオスに対する日本と中国等の影響力

(1)ラオスという国

中国、ベトナム、カンボジア、タイ、ミャンマーに囲まれたラオスは、面積は日本の本州と同等だが、人口は約六三〇万人(二〇一一年。ラオス統計局)と北海道並みであり、過疎国である。国民の五割強をラオ族が占め、残りは、周辺国にも居住しているモン族等の各種少数民族が占める。ラオ族は、現在の首都ビエンチャンより北のルアンパバーンで「百万の象」を意味する「ランサン」王国を一三五三年に建国した。現在のタイ東北部も含んでいた同王国は次第にタイの属国となったところ、現在でもタイ東北部の住民は民族的に同系統であり、ラオス人は、文字は異なるが、タイ語(特にタイ東北部の方言)をほぼ完全に理解する。宗教についてもタイと同様であり、小乗仏教を信仰する。この点は一九七五年の社会主義革命後も変わらない。二〇〇四年一一月のASEANプラス3サミットの主催はラオス政府にとって初めての大きな経験であったところ、この直前に、社会主義革命に参画したブンニャン首相(当時)がビエンチャン市内の仏教寺院で仏陀の前で跪き手を合わせてサミットの成功を祈る写真が現地新聞の一面を飾ったことに、筆者は驚かされた。

さて現在のラオスがタイの東北部と異なる運命を辿ったのは、一八九三年にフランスが

南北回廊
ハノイ
ルアンパバーン
ビエンチャン
サバナケット
ダナン
第二友好架橋
東西回廊
パクセー
バンコク
MYANMAR
VIETNAM
THAILAND
CAMBODIA
Gulf of Tonkin
INDOCHINA
Muang Ou Nua
Phôngsali
Muang Sing
Viangphoukha
Muang Ngoy
Ban Houayxay
Muang Hôngsa
Ban Ban
Xiangkhoang
Phou Bia
(2819 M)
Nam Ngun
Reservoir
Muang Phiang
Ban Nalè
Muang Pak-Lay
Muang Pakxan
Ban
Nahin
Nape
VIENTIANE
Ban Signo
Muang Khammouan
Mekong
Muang Khongxedon
Attapu
Ban Pakha
Champasak
Muang Không
100°
102°
104°
106°
108°
22°
20°
18°
16°
14°
50
100
200 KM

タイ（当時のタイは、現在のタイとラオスを支配）から割譲させたのが、メコン河の東部、即ち現在のラオス部分だけであり、東北タイは、割譲されずにタイに残ったからである。

その後ラオスは一九五三年にフランスから完全に独立したが、北ベトナムの支援を受ける左派と、米国等の支援を受ける右派・中立派との内戦が続き、一九七五年四月に北ベトナムがサイゴンを陥落させて南ベトナムを併呑した直後の一二月に、ラオスでも北ベトナムの支援を得た左派が、ほぼ無血の革命に成功して社会主義国となった。一九八六年からは、ベトナムのドイモイ政策に倣って市場経済化と外資導入をはかり、更に一九九七年にはASEANに加入したが、ASEANの中では後発地域に属する。

(2)ラオスの諸外国との関係

革命後のラオスは、前記(1)の事情でベトナムとの間で「特別の関係」を有する他、中国、ベトナム、北朝鮮、キューバとともに世界で五カ国のみとなった社会主義国に属する。これが中国の「強み」である。二〇〇六年一一月の胡錦濤国家主席のラオス、ベトナム訪問の際は、それぞれ共同声明等で「各国の現実に即した社会主義路線の選択…」や「それぞれの国の状況に見合った社会主義路線の模索…」が言及され、各国別の独自性が認められつつも、社会主義を基本的価値観として共有していることが強調されている。ラオスが、「ある国家の民主化や人権状況の改善について他国や国際社会が注文をつけるのは内政干渉であって許されない」と考える点は、原則問題である。圧倒的トップ・ドナーである日本のODAに対する感謝の念が厚く、日本が推進する国際機関での決議の採択等に関する支持要請に対し常に好意的に応じてくれるラオスが、日本側の強い要請にかかわらず、国連総会での北朝鮮人権決議案に反対票を投じていた背景は、正にこの点にある。筆者が駐ラオス大使の時代には、随分努力したにもかかわらず反対を変えさせるまでには至らなかったが、ラオスは、二〇〇八年の国連総会の際に反対から棄権に、二〇〇九年は欠席、二〇一〇年からは棄権と、その立場を転じた。筆者の後を継いだ外務省の関係者の努力の成果である。

ここで同じ社会主義国であっても、中国、ベトナム、ラオスの関係は複雑であり、一九七五年に社会主義国ラオスがベトナムの「弟分」として誕生した数年後の一九七九年に発生した中国とベトナムの間の戦争では、ラオスは、軍事的には参戦しなかったもののベトナムを支持した。ラオスと中国は相手国に駐在する大使館から大使を本国に引き上げて臨時代理大使を置き、また武官を引き上げた。中国とベトナム、中国とラオスの関係が正常化した後も、ベトナムは中国の影響力がラオスで強くなることを常に警戒しており、ラオスに対し技術協力等の援助や天然ゴム等に関する投資を強化し、影響力維持に腐心している。なお、筆者と親交のあるラオスの局長クラスが、「数カ月ベトナムに研修に行く」と言って嬉しそうな顔をするので事情を聞いたところ、それは、次官クラスへの昇進を約束されたことを意味するということであった。ラオスの多くの省庁の局長クラスが次官クラスに昇進する時には、そのような「ベトナム研修」が条件となるようであった。

フランスについては、一九七五年の革命後、急速に影響力・プレゼンスが低下したが、今でも旧宗主国としてフランス語を中心とした影響力の維持に努力している。

日本については、ラオスは後発途上国であり、後記(3)で述べるとおり、日本のODAに対する依存度が高く、感謝の念が非常に強いことが、日本にとっての強みである。なお日本はラオスにおいては、第二次大戦に起因する負の遺産が殆どない。

経済、文化面ではタイの影響が強い。特に経済面では、燃料等ラオス経済にとって不可欠な物資を含め四割弱はタイから輸入しており、投資も、二〇〇一年から二〇一一年までの累計で、タイからのものが三位を占める(一位は中国、二位はベトナム。後記(8)参照)。逆にラオスは、メコン河に注ぐ数々の大河を塞き止めて水力発電を行い、その電力をタイに売電することで貴重な外貨を獲得している。

全ての面を総合してのベトナム、日本、中国、タイ、フランスそれぞれの影響力の「総合評価」を論じるのは困難であるが、いずれにせよ、一九七五年の革命前は革命勢力の敵であった米国の影響力、プレゼンスが極めて限られているのが革命後のラオスの特色であろう。

(3)ラオスにおける日本の影響力

日本は、一九五五年にラオスと外交関係を開設して以来友好関係を保ち、一九七五年の革命の前後を問わず、多大のODAを供与してきた。日本は、一九六五年に青年海外協力隊の派遣を開始したが、そのうち隊員が最も早く足を踏み入れたのはラオスであった。メコン河に注ぐ大河であるナムグム河やナムルック河に水力発電所を建設する計画に数次の円借款等を供与し、また、ビエンチャンにおいて最も信頼される総合病院を無償援助で建設する等の援助を行ってきた。

筆者が着任二カ月後に陪席させて頂いた二〇〇四年一一月のラオスでの首脳会談では、小泉総理からブンニャン首相に約三〇〇キロの送電線を約三三億円の円借款で建設する案件が約束された。これはアンタイドの円借款で行われるため、日本企業が受注できるか注視していたが、結局、筆者の転勤後、日本の企業が落札した由であった。

日本は引続きラオスに対するODAのトップドナーであり、政府、国民から大変感謝されている。筆者は、ラオスの一七の県すべてを訪問したいと考え、二〇〇六年一一月にこれを完了したところ、各地で関係当局、住民から日本のODAに感謝され、心からの歓迎を受けた。

二〇〇六年一二月には、日本の円借款でタイとラオスの国境を流れるメコン河に建設された「第二メコン友好橋」の開通式が行われた。二〇〇一年にラオス、タイ双方にそれぞれ約四〇億円の円借款を供与することが約束され、建設されたものである。

そこからラオスを四時間ほどかけて東に横断しベトナム中部に達する国道も、日本の無償援助等で整備済みであり、タイ、ラオス、ベトナムを結ぶ「東西回廊」が完成した。これを契機に、タイやベトナムに進出した日本企業等が、労賃がより安いラオスに関心を持ち、「東西回廊」の中央部に位置するラオスへの投資が増大することが期待されるようになった。

二〇〇七年元旦には、ラオスに短期（一五日以内）に滞在する日本人に対する査証免除が開始された。短期的には、財政収入が極めて少ないラオス政府にとって、日本人からの査証手数料を失うことは痛手であっても、日本人観光客の誘致は国全体にとって利益になるとトンルン外相が判断し、これを推進した旨を、外相本人が筆者に語ってくれた。ラオスが、ＡＳＥＡＮ以外の国の国民として初めて日本人を査証免除の対象に選んだことは、日本重視の証左であった。

筆者は、二〇〇七年五月のブアソン首相の訪日に同行したところ、すべて準備したとおりに順調に行事が進んだが、ブアソン首相が安倍総理との首脳会談で、ラオスは内陸国であるのにIWC（国際捕鯨委員会）に加入することとしたと突然発言したことには驚かされた。「日本からはODAで多大の支援を受けているが、あまりお返しすることができないので、せめてIWCに加入し、日本を支持する立場で活動したい」ということであった。ラオス人は、人を喜ばせる話をする際には、わざと突然それを明かすことがある由であり、後刻、筆者はそのように安倍総理、麻生外相に説明申し上げた。

更にブアソン首相は、前年の二〇〇六年六月の首相就任以来、ASEAN以外の国への二国間訪問を行うのは今回の日本が初めてであるとし、訪日を重視していることを強調していた。同首相は、〇六年一〇月末から一一月初めまで訪中したが、中国ASEAN特別首脳会議に出席するためのもので、二国間の公式訪問ではなかった。なお、ベトナムのズン首相は二〇一一年七月に再任されたところ、初めて二〇〇六年に首相となった後、ASEAN以外の国への二国間訪問を行う訪問先として中国よりも日本を優先し、同年一〇月に訪日している。ラオスとベトナムが内々に協議している可能性があるように筆者には思われた。

⑷ ODA広報

ラオス政府は、筆者の着任前から日本のODAを国民に広報することに意を用いてくれており、ラオス南部のパクセー市を流れるメコン河に日本のODAで建設された橋を、1万キープ（約一〇〇円。ラオスでは最も高額）の紙幣に刷り込む等の措置をとってくれていた。更に筆者は、ラオス政府に対して、「日本のODA予算が財政の逼迫によって削減される現実の中で、対ラオスODAを維持していくためには、日本のODAについてラオス政府が広報を充実させ謝意を表明してくれることが肝要であり、そうすれば、筆者としては、対ラオスODAの維持について東京を説得しやすくなる」と言って回っていた。それもあってか、日本のODAについての署名式や完成式があると、ラオス政府は、新聞の一面トップで写真入りで大きく報じてくれたものである。ラオスは、一党独裁体制の国であり、新聞、テレビ等はすべて国家、党の統制下にあるので、その意味では広報をしやすい環境にあった。前記の二〇〇六年一二月の第二メコン友好橋開通式では、橋の中央部で行われた演説において、ラオスのブアソン首相が、日本のODAに深く感謝する旨述べた他、一行がラオス側に渡ると、多くの市民が日の丸の旗を振って歓迎し、また、日の丸入りの橋の開通記念切手が発行されていた。この日の丸入り切手は、日本政府を代表して出

日本の ODA で改修されたビエンチャン 1 号線

席された浅野外務副大臣（当時）が日本に持ち帰られ、麻生外相が、年末の日本の閣議で安倍総理を含む全閣僚に配布され、好評だった由である。

更に、完成したプロジェクトに日本のＯＤＡであることを半永久的に示す何らかの銘板をつけてもらうことが肝要である。筆者の在勤中、空港からビエンチャン市内を通りメコン河をまたぐ国境の橋に至る二七キロの最重要道路の改修工事を日本のＯＤＡで開始することができたところ、日本のＯＤＡであることを示す看板を工事中の要所要所に掛けてもらい、また完成後にも、日本のＯＤＡで完成したことを示す銘板を、市内主要個所に設置してもらった。上の写真は、その中の一つである。

⑸投資の誘致

他の東南アジア諸国に比して少ない日本の投資を増大させていくことも、日本の影響力とプレゼンスを維持していくために必須である。

ラオスは、人口が約六三〇万人と少なく、ラオス国内で販売するものを生産するための投資は現実的でなく、また内陸国であるという物理的障害があることが残念な要素である。しかし、国民の殆どがタイ語を解し、かつタイよりも労働コストが低いことを利用し、在タイの工場の分工場をラオスに展開する形の本邦企業の投資が、筆者がラオスに在勤する頃から開始されており、これを促進していくことが肝要と考えられた。

筆者の着任前から、若干の工場が進出していたところ、在勤中に、日本の大手ワイシャツ製造会社でタイに進出していた山喜㈱の工場、ミドリ安全㈱の作業用の安全靴の生産工場等が新たに進出し、また、王子製紙㈱（現王子ホールディングス㈱）による、パルプ他の原料となるユーカリ等を植林する形の投資、日本ロジテム㈱による物流関係の投資、三井住友海上火災㈱の投資等が開始された。ラオスのような国の発展のためにはODAだけでは十分ではなく、他の東南アジア諸国と同様、日本の直接投資が増える必要があり、そのためにはラオス政府側に、法律に基づく透明な行政等の投資環境の改善を求める必要があると思われた。この関係で、筆者の離任後、投資協定の交渉が妥結し、二〇〇八年に発効した。

(6)中国のラオスへの援助、貿易・投資等での進出

北の隣国である中国の援助、貿易・投資両面での影響力が急速に伸びており、中国がラオス政府を動かそうとする際の大きな梃子になってきているように感じられた。

両国国境では、中国系企業がラオス側にカジノ、ホテル、マンション等からなる巨大都市を建設し始めた。筆者は、二〇〇五年一〇月に、この国境をラオス側（ボーテン市）から視察した。中国系企業が国境の隣国側に建設する、このような都市は、中国ミャンマー国境のミャンマー側に完成済みの由であった。過疎国であるラオスの中でも特に過疎地帯である同地帯に、中国の雲南省から天然ゴム、サトウキビ等の投資が増えつつある他、タイ製の日用雑貨が中国製品に駆逐されている状況も目の当たりにした。この地帯より南下したラオス北部の中核都市ウドムサイでは、中心部でラオス語を話さない中国人が料理店、自動車部品店、雑貨店等を経営して中国人街を形成し、人民元が流通していた。

中国とタイは国境を接していないので、前記の中国・ラオス国境からラオス・タイ国境

に通じるラオスの国道約二四〇キロ（一四三ページの地図の南北回廊と記した線がラオスを通過する部分）の整備を中国は重視し、中国、ＡＤＢ（アジア開発銀行）、タイの援助で改修することとなり、二〇〇八年に全線改修が完成した。これにより、中国の雲南省から、これまで未整備の山道を八、九時間かけてラオス内を通過していたのが、約四時間で通過してタイ北部に抜けられるようになった。ラオスとタイの間の橋も、中国とタイの援助で二〇一三年に完成するので、雲南省からタイまでは陸路の交通が飛躍的に便利になることになる。しかし、ラオスは通過されるだけで、利益は得られない可能性も指摘されている。

筆者の在勤中、ラオス北部での天然ゴム、銅山等の投資につき、ラオス側の許可を得ながら実際には操業を開始せず、土地を確保し、それを転売して儲けようとする「外国企業」があり、ラオス政府としては、休眠状態になっている投資案件については取り消すという措置に出たことが新聞で報道されたことがある。一党独裁制国家であるラオスの新聞はすべて国家と党の統制下にあり「外国」の国名は明示されていなかったが、「外国企業」の大半が中国雲南省の企業であることは言外に明らかであった。いずれにせよ、北部の国境地帯での天然ゴム等への中国の進出が急速に進んでいるようであった。

中国の対ラオス援助は、急速に増大しているところ、首都ビエンチャンの大通りの整備、党大会等の集会に利用される「文化会館」の建設、ビエンチャンより前の首都であった北部のルアンパバーンでの県立病院の建設等の「顔の見える」援助が多い。これらの建設に当たっては、雲南省から作業員や建設資材等が運びこまれ、中国側がすべて建設した後に、完成したものがラオス側に引き渡されるという方式であり、日本等のＯＤＡと異なり、地元に殆ど資金が落ちないと言われていたが、いずれにせよ、種々の面で、第三国から見ると透明性を欠くものであった。

(7)ラオスで薄い米国のプレゼンス

米国は、一九七五年の革命前は、ラオス王国の三派のうち、右派と中立派を支え、圧倒的な影響力とプレゼンスを有していたが、左派革命勢力の敵であり、ベトナム戦争中は、ラオスを通るホーチミン・ルートを猛爆していた。その不発弾の処理に、あと百年も要するであろうと言われる程であって、革命後のラオスと米国との距離は遠い。ラオス、タイ、ミャンマーの三国国境地帯は、以前は「黄金の三角地帯」と言われ、麻薬の原料となる芥子（けし）の栽培が盛んであったため、これを撲滅することが国際社会にとって必要という趣旨で、米国も日本等と同様、この面での援助を行っていたが、ラオス政府の国づくりの努力に対しては、殆ど援助をしていなかった。

米国は、ラオスを自由、民主主義、人権尊重といった価値観を共有する方向に誘導していくことを政策目標にしていると思われるが、人権尊重に反するような行動をラオス政府がとっていると米国が認識した場合に、あまりに非難しすぎるとラオス政府から強い反発を招き逆効果となることを、筆者は懸念していた。ラオスが反発し、一党独裁体制である点で親和性のある側に靡いてしまったら、前記の政策目標は達成できなくなる訳であり、この点で、対ミャンマー政策を考慮する場合と同様であると筆者は考えていた。

ここで、ラオスの少数民族のうちのモン族は、一九七五年の革命前は、米国のＣＩＡに傭兵されて革命軍側に対して戦ったとされ、革命後は数十万人がタイ、米国等に亡命した。米国に亡命したモン族は米国籍をとり、米国内で「ラオス現政権に反対する勢力」という意味で一定の政治的影響力を有している。そこで問題となるのが、米国までは亡命せずタイの難民キャンプに未だに留まっているモン族の者が、タイ当局とラオス当局の間で如何に取り扱われるかである。例えば二〇〇六年、タイ側の難民キャンプに逃れていたモン族のうち二七名が、タイからラオスに放逐されたと報じられた。ラオス政府は、モン族等の亡命者がラオスに戻ってきた場合、迫害を受けることはなく、幸せに暮らしていると主張したが、在ラオス米国大使館は、前記の米国内におけるモン族亡命者の政治力への配慮のためか、「意に反してラオスに放逐されたモン族が迫害を受けている」として強くラオス政府を非難した。ラオス政府の方も、これに対し強く反応せざるを得ず、党と政府の統制下にあるラオスの新聞が米国大使を非難する等の事態に至ったことがある。

この米国大使の時代に、両国関係に大きな改善がなされた。即ち、米国にはＮＴＲ（Normal Trade Relations）という制度があり、ＷＴＯに未加盟でもＮＴＲの適用を受けると、自国産品の米国への輸出に当たり一種の最恵国待遇を受けられるが、ラオスは、北朝鮮、キューバとともに、ＮＴＲの適用を受けられない三カ国の中に入っていた。それほどまでに革命後のラオス政府の評判は米国内、特に米国議会内で悪かったのであるが、二〇〇四年に遂にラオスもＮＴＲの適用を受けられることとなり、ラオスの繊維製品の対米輸出の増大等が期待されることとなった。なお二〇〇五年一〇月には、鳥インルエンザ対策のため米国保健長官がラオスを訪問したところ、これは一九七五年のラオスの革命以来、はじめての米国閣僚の訪問であった由である。

二〇一二年七月には、クリントン国務長官がラオスを訪問し、これをラオス政府は高く評価したが、米国国務長官としては五七年ぶりのラオス訪問であった。

⑻最近のラオス情勢と日ラオス関係

筆者の二〇〇七年九月のフィリピンへの転勤後も、ラオス経済は順調に成長し、GDPは、二〇〇八年に七・八％、二〇〇九年に七・六％、二〇一〇年に七・九％と成長し、一人当たりGDPが千ドルを越して一千〇六九ドルとなった。二〇一一年の五年に一回の党大会では、二〇一五年迄に年八％以上の成長を確保し、一人当たりGDPを一千七〇〇ドルとすること、二〇二〇年迄にLDC（後発の開発途上国）の状況から脱却すること等の目標が決められた。二〇一一年のGDP、一人当たりGDP、成長率は、IMFの推計でそれぞれ約七九億ドル、一千二〇四ドル、八・三％となった。

メコン河に注ぐ数々の大河に日本等の協力を得て水力発電所を建設し、その電力をタイに売電することにより「メコン地域のバッテリー」としての地位を固めることが国策であること、銅や金等の探鉱、開発が進み、それらの輸出も堅調であること、一方で、引続き農業人口が人口の約七割を占め、木材、コーヒー等を輸出していること等は数年前と変わらない。同時に、WTO加盟準備が進行し、日本との交渉は、二〇一〇年に終了した。二〇一二年一〇月には、WTO一般理事会でラオスの加盟が正式に認められた。

このように経済が全体として順調に発展しているとともに、ベトナムの「弟分」として同様の政治体制をとり、政治が安定しているのが強みであると言えよう。

　対外関係については、二〇一二年一一月にビエンチャンでアジア欧州会合（ASEM）サミットを開催することとなった。このASEMとは、アジア側からASEAN一〇カ国、日本、中国、韓国、ロシア、インド、豪州、ニュージーランド、パキスタン、モンゴルとASEAN事務局の首脳、欧州側からEUの二七加盟国とEUの首脳が参加して二年に一回、アジアか欧州かで開催されるもので、今回からバングラデシュ、スイス、ノルウェーも参加することとなった。ラオスが、このように多数の首脳を自国に招くのは、二〇〇四年一一月のASEAN関係サミットを上回る規模であり、国威発揚のためにビエンチャン空港の整備や国際会議場の建設等が開始された。

　中国との関係については、ラオスがオリンピックのASEAN版ともいうべき「東南アジア競技大会」を初めて二〇〇九年に主催するに当たり、必要なスポーツ・スタジアムが存在しなかったところ、これを中国が建設した。ラオス政府は本来、その建設を日本に援助して欲しかったものであり、筆者も在勤中要請を受け、東京に働きかけていたが、日本がこれを断ったため、ラオス政府としては中国に建設を要請せざるを得なかったものである（注）。

　ここで中国は、建設の対価の一つとして、ビエンチャン郊外の遊休地に数万人の中国人を移民させることをラオス政府に同意させたところ、一党独裁制の国家であっても国民、市民の反対の声は無視することができず、ラオス政府は、この「中国人移民地域」を相当縮小した。

また、中国の雲南省からラオス北部に入り、ラオス内を南下し、ビエンチャンからメコン河を渡ってタイに入る南北高速鉄道計画が中国によって提示され、ラオス政府は同意したが、ラオス国民、更には指導部の一部にも警戒感を持たれた。

そのような中で、日ラオス関係は順調である。二〇一〇年三月には、チュンマリー国家主席（兼党書記長）がラオスの国家主席として初来日し、両国関係を「包括的パートナーシップ」として位置づけることが合意された。二〇一一年の五年に一回の党大会の際に発表された重要文書の中での対外関係の部分においては、ベトナム、中国等の社会主義国との関係が先ず言及されたのは当然として、それに続く先進国との関係の中では、日本との関係が真っ先に言及された。党大会の前年の二〇一〇年にブアソン首相の後任となっていたトンシン首相は、ＡＳＥＡＮ以外の国への二国間訪問を行う最初の訪問先として中国よりも日本を優先し、二〇一二年三月に訪日している。翌月の四月にも、日メコン首脳会議のために訪日することが決まっていたにもかかわらず、わざわざ前月に公式訪日し、中国訪問をこの後にしたことが興味深い。

　このような首脳公式訪問の際の共同声明では、ラオスが国連安保理改革において日本の立場を一貫して支持することが謳われている。

　六月には皇太子殿下がご訪問され、手厚い歓迎を受けて友好親善に努められた。

　日本からの投資については、前記(5)で述べた例に引続き種々の投資が行われており、二〇〇七年にはラオスに進出した日系企業が四四社であったのが、二〇一二年に六八社となり、〇九年末には日本人商工会議所がビエンチャンに設立されている。

　但し、ラオス政府の統計によれば、二〇〇一年から二〇一一年までの外国からの直接投資の累計約一四二億ドルのうち、日本からのものは、全体の約三%を占めるに過ぎない。これに対し、中国からは約三二%、ベトナムからは約二五%、タイからは約二〇%、韓国からは約四%、フランスからは約三%等であった。

　貿易についても日本のシェアーは大きくなく、二〇一〇年一〇月から二〇一一年九月末においては、世界への輸出全体約一九・八億ドルのうち、タイ向けが約四七%、豪州向けが約二五%、ベトナム向けが約八%、中国向け、英国向け、日本向けが順にそれぞれ約三%等であった。同二〇一〇年一〇月から二〇一一年九月末における世界からの輸入全体約二三・二億ドルのうちタイからが約三九%、中国からが約一一%、ベトナムからが約六%、スイス、韓国、フランス、ロシアからが順にそれぞれ約二%、日本からは約一%等であった。

ODAについては、前記(3)で述べた送電線が完成した後、これを更に南部に約二〇〇キロ延伸する約四一億円の円借款案件が、二〇一二年三月のトンシン首相来日の際に合意された。この際、前記のとおりASEMサミットが秋に開催されるのを控えて、ビエンチャン空港拡張やVIP棟建設に関する日本の援助への謝意が表明された他、前年の洪水被害の復旧に必要な物資の供与等についての援助が合意された。

OECD・DACの統計によれば、ラオスに対し二〇〇九年に供与されたODAの総計のうち、日本からが二六%、国際援助機関からが一二%、豪州からが八%、ドイツからが七%、EUからが七%となっている。中国やベトナムからの援助は、両国がOECD・DACの非加盟国であるため不明であり、また、両国からの「援助」がODAといえるような譲許性の高いものであるかも不明である。

二〇一二年一一月には予定通りアジア欧州会合(ASEM)サミットが開催されたところ、一一月四日に日ラオス首脳会談が行われ、今回のサミットに際して行われたビエンチャン空港の拡張と空港VIP棟の建設を含む日本の長年にわたるODAに対する謝意がトンシン首相から表明された。野田総理よりは、ナムグム第一水力発電所拡張事業への約五五億円の円借款の供与に必要な措置をとることが表明されるとともに、ODAのみならず投資によってもラオスの発展を支援していきたい旨の発言があった。またラオスのWTO加盟決定を踏まえ、貿易の更なる拡大への期待が両首脳から表明された。

中国に関しては、今回のASEMサミットのための国際会議場を中国政府が四・五億元の無償援助として建設し、首脳用の宿舎を中国企業が建設した。ラオスの国民、指導部の一部から警戒感が持たれていた前記の南北高速鉄道建設案件については、サミット直前にラオスの国民議会が臨時に開かれて本件が了承され、サミットの際に両国首相により合意文書に署名が行われた。各種条件についての交渉が残されている模様である。

（注）ラオス政府から要請された筆者が近隣国を調査した結果、日本は三十年程前にバンコックでスポーツ・スタジアム、体育館を含む複合施設を一般無償援助で建設し、現在も「タイ日本バンコック青年センター」との名称で親しまれていることが判った。しかし、その後スポーツ・スタジアムの如きものは、経済社会開発に「直接」結びつくものとは言い難いので、同じ外務省の予算の中でも、文化・スポーツ無償の予算から供与するとの整理が行われた由であり、一般無償の予算からは供与不可能との回答が外務本省からあった。ここで文化・スポーツ無償の予算は、一般無償の予算に比較にならないほど少額である。柔道・空手・

合気道のための小型武道館の規模のものは文化・スポーツ無償の予算で建設可能であり、筆者は、ラオス政府の要請に応え「東南アジア競技大会」に間に合う形でビエンチャン市内での小型武道館の建設を支援することにつき外務本省の了承を得ることができたが、スポーツ・スタジアムの規模のものは日本としては援助不可能との結論となったものである。

筆者は、日本はODAを経済社会開発に「直接」結びつくものに限ろうとし過ぎてきたのではないかと感じた。勿論、中国がカンボジア等で行ってきたように、国家機関の庁舎まで建設するような「専ら政権中枢向け」の援助を日本が真似るのは不適当であるが、ODAが開発途上国に対する外交にとって決定的に重要なトゥール（道具、手段）であるとの目的意識を強めるべきであり、本件スポーツ・スタジアムのような案件については、外交上の効果も考慮し、より柔軟に対応できないものかと考えた。

九、ＡＳＥＡＮの統合に対する日本の対応

⑴日本のASEAN重視政策

ASEANは、一九六七年八月にインドネシア、マレーシア、フィリピン、タイ、シンガポールによって設立されたが、北ベトナムによりインドシナ半島が共産化され、更にこれが同半島以外の東南アジアにもドミノを倒すように伝搬することが懸念されたことが背景となっていた。その後、北ベトナムが一九七五年四月にサイゴンを陥落させ、更にラオスの左派勢力を助けて同年一二月にラオスも社会主義国となったが、一九九〇年代初頭のソ連圏とソ連自身の崩壊という世界的なコンテキストの中で、ベトナムが、市場経済化と外資導入という「ドイモイ」政策を選び、九五年にASEANに加入したことは画期的なことであった。以上の六カ国以外は、ブルネイが一九八四年、ラオスとミャンマーが九七年、カンボジアが九九年に加盟し、現在は一〇カ国体制となっている。

日本は、ASEAN加盟国それぞれとの関係を重視するのみならず、集合体としてのASEANとの関係も重視してきており、域外のどの国よりも早く緊密な関係を築いている。先ず、毎年夏にASEAN議長国で開催されるASEAN外相会議に、対話国（ダイアローグ・パートナー）として招待され、ASEAN加盟国の外相とともに「拡大外相会議」を行うこととなった最初の域外国は、日本であった。一九七八年のことであり、米国、

ＥＵ（当時はＥＣ）、豪州、ニュージーランドは七九年、カナダは八〇年、韓国は九一年、中国、ロシア、インドは九六年であった。この「拡大外相会議」は、正式にはＡＳＥＡＮ ＰＭＣ（Post Ministerial Conference）と称する。即ち、ＡＳＥＡＮ外相会議の直後に開催される会議との意味である。これを日本は「拡大外相会議」と意訳しているものである。

サミットについても、ＡＳＥＡＮが首脳会議を行っているところに招待され、首脳会議を行った最初の域外国首脳は、日本の福田赳夫総理であり、一九七七年八月にクアラルンプールに招待されたものであった。その東南アジア歴訪の際、同総理は、「日本は軍事大国にならない。心と心の触れ合う関係を構築する。対等なパートナーを目指す」等を趣旨とする「福田ドクトリン」をマニラで発表している。二〇〇七年九月に福田康夫総理の内閣が発足したところ、マニラでは、父君の福田赳夫総理が丁度三〇年前に本件「ドクトリン」をマニラで発表したことが、フィリピンの外交関係者の間で話題となっていた。日本のＡＳＥＡＮ重視政策の好例として記憶されていることに、着任直後であった筆者は印象づけられた。

一九八七年には、竹下総理も同様に日ＡＳＥＡＮ首脳会議を行っている。

一九九七年からＡＳＥＡＮは、アジア通貨・経済危機を契機として、日本、中国、韓国と公式に首脳会議を行うこととし、更に、日中韓の三国首脳と合同の首脳会議（「ＡＳＥＡＮプラス３」と称する）も行うこととなったところ、日本は二〇〇三年に日ＡＳＥＡＮ

特別首脳会議を、ASEAN議長国においてではなく、日本で主催した。中国がそのような中国ASEAN特別首脳会議を中国で主催したのは三年後の二〇〇六年、韓国は二〇〇九年であった。更に日本は、二〇一三年一二月に、第二回目の日ASEAN特別首脳会議を日本で開催する予定である。

(2) ASEANの統合

ASEANは九七年に、二〇二〇年までにASEAN共同体(ASEAN Community)を創設することを目指すこととした上、そのための「統合のためのイニシアティブ」(Initiative for ASEAN Integration　略称IAI)を二〇〇〇年に発表し、域内の格差是正、人材の育成、情報技術、インフラ等の開発・整備、地域経済統合等に取り組むこととした。

更に二〇〇三年にASEANは、共同体設立の目標年を五年前倒しして二〇一五年とした上、そのような共同体は、ASEAN安全保障共同体、ASEAN経済共同体、ASEAN社会文化共同体の三本柱から成るものとすることを決めた。

このうち、「安全保障共同体」(ASEAN Security Community　最近は「政治安全保障共同体(ASEAN Political-Security Community)」と呼ばれる)は、NATOのような集

団的安全保障機構を目指すものではなく、包括的な政治安全保障協力を通じて地域の平和、安定、民主主義及び繁栄を強化することを目的としている。戦略的重点の中に、人権の促進、法の支配、良い統治等に関する相互支援、南シナ海に関する宣言（前記六(8)参照）の実施、軍事関係者の交流、軍事政策の透明性の確保、ARFの強化、紛争後の平和構築等が挙げられている。後記一〇のとおり、ミャンマーで二〇年前の総選挙の結果を全く無視して軍事政権が支配し、総選挙の勝者であったアウン・サン・スー・チー女史を軟禁していた問題があったが、同国で民主化が進み、ASEANの「政治安全保障共同体」の目標達成への大きな障害が除かれる方向に向かっている。

二〇〇七年には、ASEAN憲章が策定され（発効は二〇〇八年）、民主主義、法の支配、人権尊重、良い統治、内政不干渉等の諸原則が確認されるとともに、ASEANは、意思決定メカニズムを有する国際機関となった。

「社会文化共同体」（ASEAN Social and Cultural Community）は、調和のとれた人間中心のASEANにおける持続可能な開発のために人、文化等を育てることを目的としている。戦略的重点の中に、貧困削減、人材育成、感染症対策等が挙げられている他、芸術、観光、スポーツ等を通じたASEANアイデンティティーの促進も行うものとされている。これらの分野については、日本等の域外パートナーの協力が重要であるが、域内協力も盛んになっている。

さて、この三本柱の中で最後になったが最も重要な経済共同体（ASEAN Economic Community）について述べると、より緊密な経済統合を通じ経済成長及び開発のための競争力を強化することが目的とされている。ＡＳＥＡＮの歴史を振り返ると、先ず域内で自由貿易地域であるＡＦＴＡ（ASEAN Free Trade Area）を設立することとなり、一九九三年に、物品の域内貿易について関税の低減・撤廃を目指すCEPT（Common Effective Preferential Tariff）スキームが開始された。目的は、域内貿易を活性化するとともに、これによって、域外からの直接投資を促進することにあった。なお、ＥＵ（ＥＣ）の場合と異なり、域外からの物品の輸入について域内国が共通の関税を課す関税同盟を創設することは考えられておらず、またサービス、投資の域内での自由化も当初は考えられていなかった。

いずれにせよ物品の域内貿易について、ＡＳＥＡＮ原加盟国五カ国とブルネイは、武器等の一般的除外品目、一部農産品等のセンシティブ品目を除いて、二〇一〇年までに輸入関税を原則撤廃した。カンボジア、ラオス、ミャンマー、ベトナムの四カ国（ＣＬＭＶ諸国と称する）は、ＡＳＥＡＮ内の後発国として、この種の問題については若干の猶予が認められており、二〇一五年までに輸入関税を原則撤廃することが目標とされている。

その後、サービス貿易、投資の域内での自由化についても前進が見られる。例えば投資をする域内国の企業が、投資を受ける側の域内国の企業と同様の内国民待遇を享受することにつき、投資実施後のみならず、投資の許可を受ける段階から原則として内国民待遇とすること等が協議され、二〇一二年四月には、包括的な投資協定が発効している。

金融協力については、アジア経済危機後の事態に対処するため、二〇〇〇年に、急激な資本流出で対外的な支払い不能に陥った場合に外貨準備のドルを融通しあうチェンマイ・イニシアティブが開始され、二〇一〇年には、このマルチ化が計られ、更に規模が八〇〇億ドルから一千二〇〇億ドルとなった。二〇一二年には、この規模を更に倍増し、二千四〇〇億ドルとすることが合意された。しかし、これはASEAN内ではなくASEANプラス3（日中韓）の協力であり、かつ後者の貢献が大宗を占めている。例えば、前記の二千四〇〇億ドルのうち、八〇％に相当する一千九二〇億ドルが日中韓によるものであり、三二％が日本、同じく三二％が中国（うち中国本国が二八・五％、香港が三・五％）、韓国が一六％である。残り二〇％のみをASEAN一〇カ国で負担しているところ、その内訳は、各国の経済規模等で負担率が決められている。

これらの他に「ASEAN経済共同体」においては、食料・農林業、エネルギー、運輸・通信、観光、サービスについての協力、更に、科学技術、環境、文化・情報、社会開発、麻薬規制、感染症、国境を越える犯罪、防災等での協力も行われることとなっている。これらの分野については、域内協力の他に、日本等の域外国からの協力、支援が重要であり盛んに行われている。ASEANプラス3、EAS（東アジア・サミット）は、これら分野について域外からの協力を引き出すために行われているとの要素が相当強い。

(3) ASEANの統合への貿易・投資面での日本の対応

前記(2)のようなASEANの経済統合に対する日本の対応については、日本は、経済連携協定（EPA）をASEAN全体と締結するよりも、先ず、ASEAN加盟国それぞれと締結することとした。なお日本は、自由貿易協定（FTA）は物品、サービスの自由化のみを定めるものであり、これに対し経済連携協定（EPA）は、物品、サービスのみならず投資の自由化も定め、更には、知的財産権、政府調達、競争政策等に関するルールも定めるものと整理している。但し、他国では、日本が言うところのEPAもFTAと称する場合が多い。

さて日本は、ASEAN諸国との間では、シンガポール（〇二年、〇七年改正）、マレーシア（〇六年）、タイ（〇七年）、インドネシア（〇八年）、ブルネイ（〇八年）、フィリピン（〇八年）、ベトナム（〇九年）とEPAを締結した。日フィリピンの協定についてフィリピン上院で三分の二の賛成を得るために筆者が関与したことは、前記二で述べたとおりである。ラオス、カンボジアとはEPAのような広範な協定を締結する実体がなく、投資協定のみを締結した。ミャンマーのみが取り残されていたが、同国の民主化の進展に鑑み、同国と投資協定を締結することが二〇一一年末の玄葉外相のミャンマー訪問の際に合意され（後記一〇(3)参照）、交渉が開始された。

同時に、日本はASEAN全体とも協定を締結することとし、ASEAN一〇カ国と日本との協定（ASEAN Japan Comprehensive Economic Partnership協定。略称AJCEP協定）が二〇〇八年一二月に発効した。インドネシアのみ未発効となっている。物品の自由化のみが規定されており、日本は一〇年以内に貿易額の九三％の関税を撤廃し、ASEAN原加盟国とブルネイは一〇年以内に九〇％の関税を撤廃することとなっている。後発四カ国（CLVM）は、相当の猶予が与えられている。

さて、このAJCEP協定は物品の自由化しか定めていないところ、これは前記の各国別のEPAでも定められているのでAJCEP協定は意味がないかというと、そうではない。即ち、AJCEP協定は、原産地規則の整備を行っており、例えば、日本で生産した部品をフィリピンに輸出し、これをフィリピン内で組み立ててタイに輸出するといった場合に、日本で付された付加価値とフィリピンで付された付加価値の累積が四割以上となれば、このAJCEP協定の対象となり、タイに輸出される時に、この協定に基づく低い関税を適用できることとなる。フィリピンで付される付加価値だけでは四割に満たない場合には、前記のAFTAの低い（又は無税の）関税の適用を受けられないので、このAJCEP協定は、日系企業のように域内の複数国にサプライ・チェーンを有する場合に有意義である。このような累積の場合以外にも、二国間EPAではなくAJCEP協定の適用を受けた方が有利な場合がある。このAJCEP協定ではサービス貿易、投資の自由化については今後協議することとなっている。

広域の経済連携協定（EPA）については、ASEANプラス3（日中韓）だけでなくインド、豪州、ニュージーランドも含めたASEANプラス6の一六カ国のEPAを締結することが適当であるというのが日本の考え方であり、CEPEA（Comprehensive Economic Partnership in East Asia）と称する構想を推進してきた。例えば、日本で生産した部品をタイに輸出し、これをタイ内で組み立ててインドに輸出するといった場合に、日本で付された付加価値とタイで付された付加価値の累積が一定割合以上となれば、この広域協定の対象となり、インドに輸出される時に同協定に基づく低い関税を適用できることとしておけば、インドまで伸びるサプライ・チェーンを有する日系企業が裨益することとなる。

これに対し中国は、ASEANプラス3（日中韓）だけの協定を締結すべしと主張し、これをEAFTA（East Asia Free Trade Area）と称して提案していた。しかし、インド、豪州、ニュージーランドを排除することには元々無理があり、日本の考えが通る方向に動いてきた。特に二〇一一年一一月のハワイでのAPECサミットの際に、野田総理からTPPに参加する方向で協議する旨の日本の方針が表明されて以来、中国の変化に拍車がかったと見られる。現在では、RCEP（Regional Comprehensive Economic Partnership）との名称で、ASEANプラス6の枠組みが立ち上がっており、物品貿易作業部会が二〇一二年六月に、サービス作業部会と投資作業部会が、それぞれ一〇月に立ち上がった。

二〇一二年一一月のカンボジアでのASEAN関連サミットの際には、RCEPの交渉開始が合意された。なお日中韓については、日中、日韓関係の緊張との関係で日中韓首脳会議自体は行われなかったが、日中韓FTA交渉を開始することが合意された。

二〇一三年三月、日本はTPPの交渉への参加を表明したところ、TPPは、シンガポール、ブルネイ、チリ、ニュージーランドが開始した協定に、米国、マレーシア、ベトナム、豪州、ペルーが加わり九カ国となったところに、最近カナダとメキシコが加わってきたもので、集合体としてのASEANとは直接の関係はない。いずれにせよ、アジア太平洋における広域の経済連携については、日本はTPP、日中韓FTA、RCEPの交渉を同時並行的に進めていくべきと考えられる。

(4) ASEANの統合への日本の協力、日メコン首脳会議

日本は元々インフラ整備、貧困削減等の面でASEAN加盟国それぞれへのODAを重視してきたが、これに加えて、前記(2)で述べたASEAN統合イニシアティブ（IAI）にも積極的に貢献してきた。このためにASEANに「日本ASEAN統合基金」（JAIF：Japan-ASEAN Integration Fund）が設置され、日本はこれに拠出し、鳥インフルエンザ対策、防災、テロ対策等に有効に使われている。

近年、ASEANにおいては、連結性（connectivity）の強化が叫ばれている。即ち、東西回廊等の「陸の連結性」やフェリー・ボートを活用しての「海の連結性」を中心とするインフラの連結性、更には、税関等の「制度面の連結性」を高めようとするものである。これらについては、ASEAN域内の努力では足りず、日本ほか域外からの協力が強く求められており、特に二〇一一年一一月のインドネシア・バリ島でのサミットでは、野田総理から、連結性強化の目的で、陸の回廊、海の回廊、ASEAN全域ソフトインフラに関する支援を行うため、三三のフラッグシップ・プロジェクトが提案された。総額は二

兆円となるところ、資金は、ＯＤＡのみならず、ＪＢＩＣからの融資、民活、更にはＡＤＢ（アジア開発銀行）からの融資もあり得るとの前提である。この他、バリ島での日ＡＳＥＡＮ首脳会議では、二〇〇三年の日本での日ＡＳＥＡＮ特別首脳会議で発出された宣言に継ぐ新たな宣言が発出され、「二〇一五年のＡＳＥＡＮ共同体構築を日本が積極的に支援すること」等が規定された。

日本のＡＳＥＡＮ統合への協力においてユニークなのは、日メコン首脳会議プロセスの開始である。ＡＳＥＡＮの中の格差是正に資するため、開発の遅れたメコン地域、即ちインドシナ三国とミャンマーの開発の底上げを計ることとし、タイを含めた同地域五カ国との協力を特に強化することとしたものである。この日メコン首脳会議は、二〇〇九年から毎年ＡＳＥＡＮ首脳会議の際に開催されているが、三年に一回は日本で同首脳会議が開催されることとなっている。

二〇一二年四月二一日に東京では三年ぶりに開催された日メコン首脳会議では、日本の提案を受けて、二〇一五年のＡＳＥＡＮ共同体構築を踏まえ、「メコン地域の連結性を強化する」こと、「共に発展する」としてメコン地域の経済成長のための投資や貿易を促進すること、「人間の安全保障・環境の持続性の確保」として自然災害、母子保健対策等を行い、持続的な成長を確保することが、「東京戦略二〇一二」として採択された。

野田総理は、このための施策として、ODAについて次年度以降三年間に円借款、無償資金協力、技術協力を活用し、約六千億円の支援を実施することを発表した上、事業総額約二兆三千億円と見積もられる主要インフラ五七案件のリストを提示した。

なお、前記のとおり二〇一一年一一月にASEAN関連サミットで野田総理から提案された、全ASEAN向けの総額二兆円の三三のフラッグシップ・プロジェクトと、このメコン向けの総額二兆三千億円の五七案件の間では、一三件のプロジェクトが重複している。

(5) ASEANを中心とする地域協力の拡大への日本の関与

ARF（ASEAN Regional Forum　ASEAN地域フォーラム）は、ASEAN加盟国、ASEANの対話国である日本、中国、韓国、米国、ロシア、豪州、EU等の外相がASEAN拡大外相会議のために毎年七月にASEANの議長国に集合する機会を利用して、アジア太平洋地域の安全保障問題を多数国間で議論する政治安全保障対話の場であるところ、これはASEANの発案によるものではなく、日本が冷戦終了を受けて提案し九四年に開始されたものであった。現在ではインド、北朝鮮等も参加して二六カ国プラスE

Uとなり、重要なフォーラムとなっている。

このように日本は、アジア太平洋の地域協力の枠組み作りにおいて、ASEANに花を持たせ、ASEANの希望に従ってASEANを「運転席に座らせる」よう、常に心がけてきた。

そのような中で、近年、関係国の中で最も意見が別れたのは、アジア太平洋地域の協力を進めるに当たり、ASEANプラス3（日中韓）だけで進めるのか、これにインド、豪州、ニュージーランドも加えるかという点であった。二〇〇四年一一月のラオスでのASEANプラス3サミットでは、EAS（東アジア・サミット）を創設することが決まったが、如何なる国で構成するのかは結論が出ず、翌〇五年のマレーシアでのサミットまでに外相レベルで結論を出すこととされた。中国は、ASEANプラス3だけとすべしと主張したところ、これは、自国の影響力を最大化するためにはメンバーを狭くした方がよいとの判断に基づくものと思われた。これに対し日本は、インド、豪州、ニュージーランドを加えるべきであり、その後も更なる拡大の可能性を残すべしと主張。ベトナム、インドネシア、シンガポールも日本と同様に主張し、結局、後者の意見が通った。

その後も中国は、実質的な協力は、これまでどおりASEANプラス3だけで行い、インド、豪州、ニュージーランドも加わるEAS（東アジア・サミット）は単なる首脳レベルの意見交換の場に留めようと主張していた。しかし日本等は、ＥＡＳも実質的な協力をする枠組みとするよう主張し、結局、エネルギー安全保障、金融、教育、鳥インフルエンザ、防災がＥＡＳの実質的協力の優先分野となった。

更に前記七(1)で述べたとおり、二〇一一年一一月のインドネシア・バリ島でのＥＡＳから米国、ロシアも加わり、一八カ国の体制となった（但し、二〇一一年、二〇一二年ともロシアの大統領は欠席）。更に、討議内容面でも南シナ海の問題のような政治安全保障問題もとり上げられることとなり、ＥＡＳは、大きな変貌を遂げたこととなる。日本は、メンバーの面でも、討議内容面でも、拡大を支持する方向で動いてきた次第である。

このようなＡＳＥＡＮを中心とするアジア太平洋の地域協力の枠組みの拡大について、一八二ページに図を掲げることとする。

なお、日中韓三国の首脳会議は、ＡＳＥＡＮ議長国においてＡＳＥＡＮプラス３首脳会議が行われる際に、一九九九年から開始したものであるが、二〇〇八年には、日中韓首脳会議を、ＡＳＥＡＮ議長国における首脳会議と関係ない時期に、三国のいずれかで行うこととも開始した。これはＡＳＥＡＮ各国とは直接関係ないことなのに、ＡＳＥＡＮ側の一部がこれに不満を表明したことには驚かされた。しかし、日中韓のＧＤＰを合わせるとＡＳＥＡＮプラス３全体のＧＤＰの約九割を占め、ＡＳＥＡＮ一〇カ国側の総計は約一割にしかならない。このような大きさの違いからして、ＡＳＥＡＮ側の一部が、ＡＳＥＡＮの居ないところで日中韓が重要なことを決めていってしまうのではないかと懸念したことは理解できないことではないと筆者には思われた。

いずれにせよＡＳＥＡＮは、アジア太平洋地域の地域統合等の議論に当たって「自分たちが運転席に座り続ける」と強く主張しており、日本としては、今後ともＡＳＥＡＮを立て、「運転席に座り続けてもらう」と言い続けることが外交上適切である。中国もそのような姿勢を維持している。

但し、このようにＡＳＥＡＮを立てるということは、受け身の姿勢を取るということを意味しない。前記七で述べたとおり海洋進出を巡る問題もあって対中警戒感が高まる中で、長年にわたりＡＳＥＡＮに対しＯＤＡと直接投資で多大の貢献をしてきた伝統的なパートナーである日本に対する信頼と期待は、根強い。二〇一一年の大震災の後の四月九日、ＡＳＥＡＮ議長国であったインドネシアが、大震災後の日本を励まし、日ＡＳＥＡＮの絆帯を示すためとして、日ＡＳＥＡＮ特別外相会議を招集してくれたのは、このような日本に対する根強い信頼と期待を表すものと思われた。日本は、これに対し、前記のような積極的な外交を展開し続けるべきである。

アジア・太平洋の地域協力の枠組み

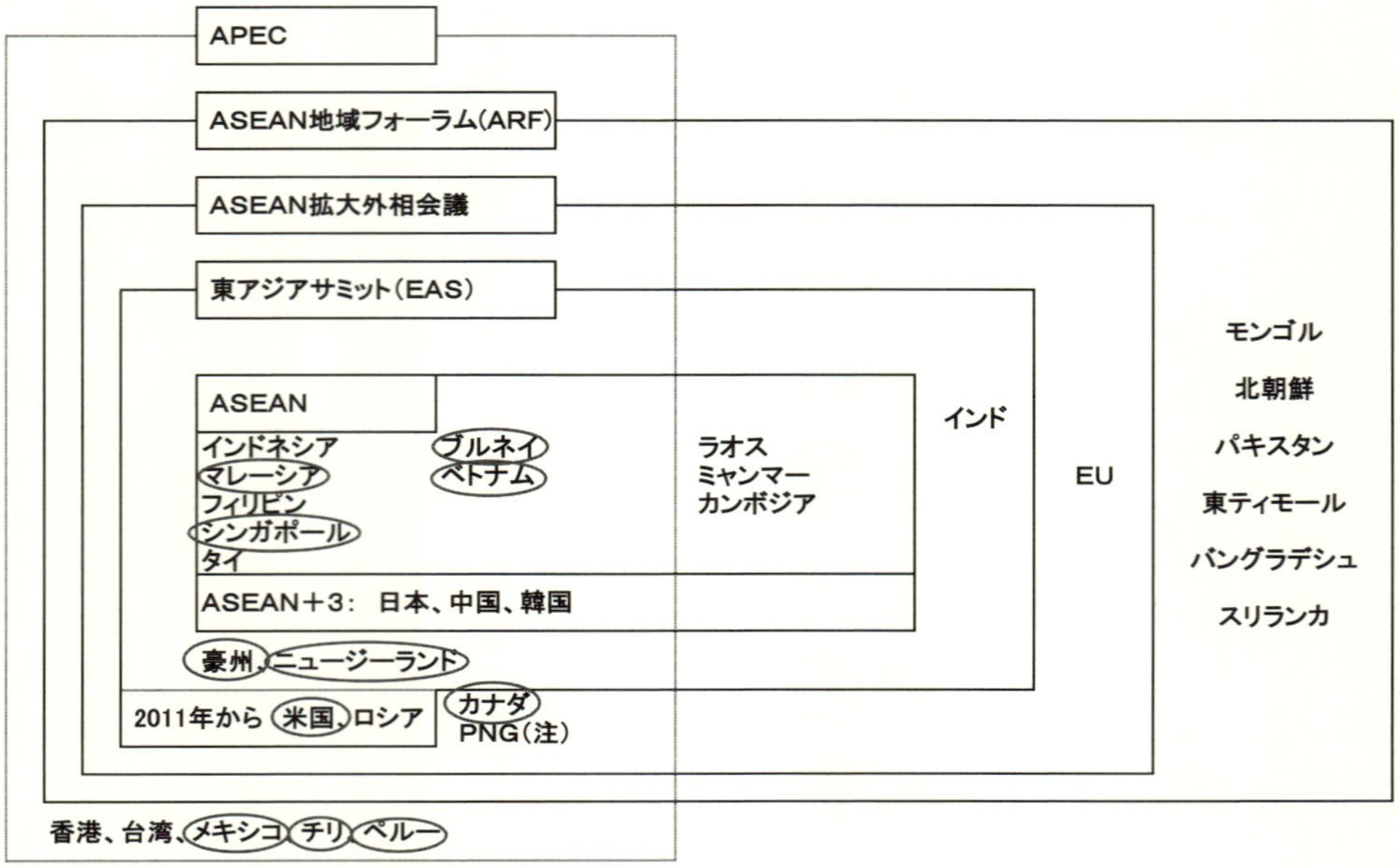

注: PNGは、ASEAN拡大外相会議にオブザーバー参加。
注: TPPは、シンガポール、ブルネイ、ニュージーランド、チリ ＋ 米国 ＋ マレーシア、ベトナム、豪州、ペルー ＋ カナダ、メキシコ

一〇、ミャンマー情勢と日本の対応

ミャンマーは、面積が日本の約一・八倍（なお隣国のタイは日本の約一・四倍）、人口が約六千二四二万人（二〇一一年のIMF推計。なおタイの二〇一一年の人口は約六千九五〇万人）という東南アジアの大国である上、天然ガス等の資源が豊富である。二〇一一年における輸出約九一億ドルのうち、天然ガスが三割以上を占めた。地政学的には、インド洋に面し、中国、インド、タイ等に接するという重要な位置に存在する。人口の約七割を占めるビルマ族の他に多くの少数民族がおり、この関係での紛争が現在のところは解消していないとの問題はあるが、全体的に国民の民度は高く、勤勉で人柄も良い。宗教は、タイ、ラオス、カンボジア等と同様、小乗仏教が信じられており、この関係の文化遺跡が豊富である。歴史的に、この地域の強国であった時代があり、タイのアユタヤに攻め込んで崩壊させたり、タイ北部のチェンマイ、更に現在のラオスにまで侵攻したことがある。

一九四八年に英国から独立した後は、民主主義体制がとられ、アジアでは日本の次に、フィリピンと並んで相対的に発展していたが、現在では、二〇一一年のIMF推計によれば、一人当たりGDPが約八〇四ドルとタイの五千二八一ドルの六分の一以下であり、ベトナム（一千三六一ドル）、ラオス（一千二〇四ドル）、カンボジア（九一一ドル）に追い越されている。

大きく発展し得る国柄でありながら、そのような事態となったのは、国の統治の基本が長期にわたって間違っていたことに起因する。

そのように同国にとっても、また日本を含む関係諸国にとっても不幸な状況が、ようやく解消する方向に向かっているのは、画期的なことである。親日的な国民を有する同国に対し、日本が、他の東南アジア諸国に対して行ってきたように本格的にＯＤＡを供与し、また民間投資を促進できるようになり、今後の進展が大いに期待されている。

筆者は、ラオスやフィリピンから観察しつつも直接には関与してこなかったが、東南アジアに関する本書を書くのであれば、この件にも触れるべきと考えた次第である。

(1)ミャンマー情勢

同国では、一九六二年のネ・ウィン将軍によるクーデターの後、社会主義体制、鎖国的政策がとられ、国の発展が停滞したところ、一九八八年に全国規模の民主化運動が発生したが、国軍がクーデターを起こして鎮圧し、国家法秩序回復評議会（ＳＬＯＲＣ）が設立（一九九七年に国家平和開発評議会〈ＳＰＤＣ〉に改組）された。一九八九年七月にはアウン・サン・スー・チー女史に対する自宅軟禁措置が開始された。一九九〇年五月には総選挙が実施され、スー・チー女史の率いる国民民主連盟（ＮＬＤ）が圧勝したが、軍事政権は政権を委譲せず、国際社会、特に欧米から強く非難されることとなった。なお軍事政権は一九八九年に国名をビルマからミャンマーと変えたが、欧米は、軍事政権を認めないとの立場から、ミャンマーと呼ばず、ビルマと呼び続けることとなった。

一九九五年、スー・チー女史の軟禁が解かれ、一九九七年にはＡＳＥＡＮに加盟したが、軍事政権は女史を二〇〇〇年から〇二年まで再度軟禁。更に〇三年からも三度目の軟禁を行った。二〇〇七年九月には、僧侶を中心とする全国的なデモが発生。治安当局が弾圧し、この中で邦人カメラマンを含む多数の死傷者が出た。

二〇〇八年には国民投票が実施され、新憲法が承認されたが、新たに設置される上下両院それぞれにおいて四分の一の議席は軍人が占める等の内容のものであった。軍人議席以外の議席を巡って二〇一〇年一一月七日に総選挙が実施されたが、ＮＬＤは参加できず、軍事政権の与党「連邦連帯開発党（ＵＳＤＰ）」が、軍人以外の議席総数のうち約四分の三の議席を獲得し、国際社会からは、軍事政権が本気で民主化に向かうものとは認識されなかった。

他方、総選挙の六日後にスー・チー女史が約七年半ぶりに自宅軟禁措置を解かれ、二〇一一年一月三一日には一九八八年以来はじめて議会が召集された。二月四日には議会での投票によりＵＳＤＰの党首であるテイン・セイン首相が大統領に選出され、三月三〇日に新政府が発足し民政移管がなされた。

その後、民主化の動きが本格化し、テイン・セイン大統領は、軍人出身であり旧軍事政権のナンバー4であったが、就任演説で民主化、国民和解と市場経済化への強い決意を表明した。現に五月に約五〇名の政治犯を釈放。スー・チー女史に対する政府側の窓口となったアウン・チー労働相と女史との会談が七月二五日、八月一二日に行われた。八月一七日には、テイン・セイン大統領が、海外在住の反政府活動家に対する恩赦を示唆。八月一九日には、大統領自身とスー・チー女史が初めて会談を行った。女史は、終了後、会談を肯定的に評価し、国際的にも注目された。九月二七日には、ワナ・マウン・ルイン外相が国連総会一般演説で受刑者に対する恩赦を表明。同九月三〇日にアウン・チー労働相とスー・チー女史が会談を行った。一〇月一一日には、六千三五九名の受刑者に恩赦を発表。この中に約二〇〇名の政治犯が含まれていることが確認された。

一一月一七日から一九日までインドネシアのバリ島で行われたASEAN首脳会議では、「是非二〇一四年にASEAN議長国を務めたい」とするミャンマーの希望が受け入れられた。そもそもASEAN議長国は原則として国名のアルファベット順で持ち回られ、ラオスが二〇〇四年、マレーシアが二〇〇五年に議長国となった頃には、ミャンマーも議長国となる順番であったが、当時は民主化が進んでおらず、ミャンマーが議長国となった場合、同国が主催する外相会議、ARF等を、欧米諸国がボイコットする可能性が高く、そうなればASEAN全体としても不都合であるので、ミャンマーが議長国となることが見送られた経緯がある。これに対し今回は、折角民主化を進めているのであるから是非とも議長国となることを認めてほしいとの強い希望がミャンマー政権側から表明されていたものである。どの年にどの加盟国がASEANの議長国になるかは、ASEAN内部で議論の上で決定されるべきものであるが、前記の事情により、欧米等の域外国がミャンマーが議長国となることに最後まで強く反対していたとすれば、希望が実現しなかった可能性がある。いずれせよ、筆者の二〇〇四年から二〇〇五年にかけてのラオスにおける経験によれば、はじめて議長国となった国は、ASEAN域内の大国や域外諸国との関係で苦労はするが、国威が発揚して国民の士気が高まり、また種々の面で国際化が進むものである。ミャンマーの民主化、開発がASEAN議長国の経験を通じて、大いに進展することを期待したい。

一一月には、NLDも登録できるように「政党登録法」が改正されたため、二〇一二年四月の補欠選挙に同党が参加できることとなった。

二〇一二年に入り、一月一三日には、反体制派として著名なミン・コー・ナイン氏を含む三〇〇名以上の政治犯が釈放された。

同年四月一日の補欠選挙では、スー・チー女史を含むＮＬＤの候補が圧勝し（全四五選挙区のうち四三選挙区をＮＬＤが獲得）、同月一一日に、同女史と大統領の会談が行われた。スー・チー女史が率いるＮＬＤは、憲法改正、少数民族との和解等を主張してきたところ、少数民族との和解については、新政権も同年一月までに、一一の武装組織のうち、カレン民族同盟（ＫＮＵ）を含む一〇組織と停戦合意を達成している。憲法改正については、上下両院に四分の一の軍人議席があることとの解消等が注目されるところ、これに対し新政権側が如何に対応するかが焦点となろう。

即ち、テイン・セイン大統領自身が軍人出身であり旧軍事政権のナンバー4であったことが象徴するように、新政権は、旧軍事政権と断絶した関係にはなく、種々の既得権益が存続していると思われる。新政権が、隣国等に比して遅れた自国の抜本的改革を計る必要を痛感し、内政面での民主化、国際面での開放を進めることに踏み切ったとしても、軍部等の既得権益を排除してまで民主化を進められるかが注目される。特に、二〇一五年には、次回の総選挙が予定されているところ、憲法改正による軍人議席の廃止にＮＬＤ側が固執した場合に、政権側が如何に対処するか、ＮＬＤ側が圧勝した場合如何に対応するかが、同国の今後の将来を左右することとなろう。

経済政策面については、新政権は、外資の誘致を計るために必要な、経済特区の設置、各種の規制緩和等に取り組んでいる。今後ともこれら改革に必要な法制度等の整備が重要と思われ、日本等が支援していくことが肝要と考えられる。なお、スー・チー女史は、外国からの援助に当たって、少数民族や貧困層に対する措置を重視するよう求める傾向があり、日本等としては、これに適切に応える必要があろう。

(2)日本以外の主要国の対応

(ア)米国

米国は軍事政権に対し、一部の人道支援は例外として、ＯＤＡは供与しないこととした上、制裁措置として、米国企業による新規投資の禁止、ミャンマー産品の輸入禁止、金融サービスの停止、米国金融機関保有のミャンマー政府関連資産の凍結、武器禁輸、軍事政権高官に対する査証発給制限等を課してきた。これらのうち、一部の制裁は、大統領令によるものであり、他の一部は、議会が法律の形で制定したものである。なお、この関係の米国の制裁法で第三国の活動を制限する規定はないが、実際上、第三国もドル送金ができなくなった。

オバマ政権は、関与と圧力を通じ民主化を促す政策をとっていたが、民主化の動きが進むにつれて、全政治犯釈放と国民和解が依然として必要との立場をとりつつも、圧力よりも関与に力点を置きはじめた。即ち、ユン米国務次官補代理が二〇一一年五月に現地を訪問。政権側に対し、政治犯の釈放、ミャンマー政府とスー・チー女史との対話等を要求した。八月には、国務省に「ビルマ」特別代表というポストを作りミッチェル氏を任命することを上院が承認。同代表は、九月に現地を訪問し、ワナ・マウン・ルイン外相等の閣僚、上下両院議長、スー・チー女史等と会談した。同九月、キャンベル国務次官補とミッチェル特別代表は、国連総会に出席したワナ・マウン・ルイン外相と会談した。

一二月はじめに行われたクリントン国務長官のミャンマー訪問は、一九五五年以来はじめての国務長官訪問として画期的なものであった。同長官は、一二月一日にテイン・セイン大統領と会談。民主化の進展に応じ、相応の措置をとるとの趣旨を述べた。この際に、米国側から、民主化の進展、少数民族との和解と同時に、北朝鮮との軍事関係の断絶の確認が要求された模様であるが、ミャンマー側は、そのような北朝鮮との関係は既に断絶した旨確認した模様である。クリントン長官は、スー・チー女史とも会談した。

前記の二〇一二年四月の補欠選挙の後は、米国政府は、議会に「制裁法」を廃止してもらわなくても可能な制裁解除を開始し、長期にわたり空席となっていた在ミャンマー米国大使にミッチェル特別代表を任命した。USAID（日本のJICAの如き機関であるが、国務省の外局）のミャンマー事務所の設置も決まった。

七月にはオバマ大統領が、金融、投資に係わる対「ビルマ」制裁を緩和した旨の声明を発出し、概要として以下の内容が財務省と国務省から発表された。

(a)「ビルマ」に対する新規投資を許可し、金融サービスを幅広く認める。

(b)但し、「ビルマ」国防省、軍隊を含む武装勢力及びこれらに所有される団体や、これまでの制裁で資産凍結の対象となっている個人に対する金融サービスは、認められない。また、これらの組織、団体や個人との合意に基づく投資は認められない。

認められた投資を行う場合にも、五〇万ドル以上の新規投資を行う米国民、団体は、国務省に対して毎年報告を行わねばならない。「ビルマ」石油・ガス公社との合意に基づく新規投資の場合には、金額にかかわらず、報告義務を負う。

(c)政治改革や少数民族との和解プロセスを阻害する者、「ビルマ」国内における人権侵害に関与する者、北朝鮮との武器貿易に従事する者など、「ビルマ」の平和、安全、安定を脅かす個人・団体に対して、大統領は新たな制裁を課す。このような個人、団体は、米国の金融システムから排除される。このような個人、団体は、財務長官が国務長官と協議して指定するが、「ビルマ」国防産業局は、北朝鮮とのミサイル関連の関係からして、また「インワ銀行」は、既に制裁対象に指定されている「ビルマ」経済公社に所有・支配されているため、制裁対象に指定される。

九月には、スー・チー女史が訪米した際、米国の制裁緩和への支持を表明。またクリントン長官が訪米中のテイン・セイン大統領と会談し、ミャンマー産品の輸入禁止を緩和する方針を伝えたと報じられた。

同年一一月には、オバマ大統領が、カンボジアでのEAS（東アジア・サミット）に出席する直前の一九日に、米国大統領として初めてミャンマーを訪問。テイン・セイン大統領の他、スー・チー女史等とも会談し、ヤンゴン大学で講演した。アジア太平洋を最重視する方向を明らかにする中で、地政学的に重要な位置を占めながら最近まで関係を極限することしかできなかったミャンマーに対し、今後は関係強化に向かうことを象徴的に示す歴史的な訪問であった。改革の取組みへの評価や少数民族問題解決の必要性への言及等が行われるとともに、経済支援の面では、USAIDが二年間で一億七千万ドル規模の支援を行うことが発表された。また大統領の訪問に先立つ一六日には、ミャンマー産品の米国への輸入禁止が、ほぼ全て解除された。
(イ) EU
EUは、人道目的以外のODAを停止するとともに、政府高官（軍人や政治家）への査証発給制限、同対象者の資産凍結、武器禁輸、政権と直接関係のある企業への投資や輸入の禁止、ハイレベルの往来停止等の制裁を課してきた。

民主化の動きへの対応としては、二〇一二年四月に、武器禁輸を除き、その他の制裁措置について一時停止を発表した。これら措置を「一時停止」したが「解除」しなかったのは、今後民主化が逆行するようなことがあれば、これら措置を復活する可能性を明らかにしたものと考えられる。

なお、ＥＵの中でも英国は、歴史的な関係やスー・チー女史の夫が英国人であった等の関係を重視する傾向があり、民主化の動きが本格化するまでは米国との協調関係もあって軍事政権に対して強硬であった。これに対し、伊、独等は、経済上の利益を重視し、柔軟に対処しようとする傾向があり、仏は、英と伊・独等との中間的な立場にあると見られている。

(ウ) 中国

中国は、インド洋と中国の間に位置するミャンマーが、欧米から制裁を受け、また日本からも他の東南アジア諸国のようにはＯＤＡや投資を受けることができない中で、ミャンマーの軍事政権の数少ない「支持者」として政治的、経済的に同国との関係を強化し、大きな影響力を得るに至った。

大型案件としては、ミャンマーの西部でインド洋に面するチャオピューの深海港を開発し、そこからミャンマーを東北に向けて横切り、雲南省の昆明に達するパイプラインが中国によって建設され、天然ガス用は二〇一三年、原油用は二〇一五年に開通する予定である。数々の水力発電所が中国によって積極的に建設され、二〇〇五年にはポンロン発電所が中国輸銀から一億五千万ドルの融資を得て完成。イェーユワでは中国輸銀から二億ドルの融資を得て、ミャンマー最大の発電能力を有する発電所を中国が建設中。シュエリーでも発電所を建設中である。この他、中国の援助によって開発途上国で政府庁舎等がよく建設されるように、新都ネピドーの国際会議場が中国の無償資金協力を得て二〇一〇年六月に完成している。

貿易については、一〇年前は、中国からの輸入が全体の一割強であったが次第に増加し、ミャンマー中央統計局によれば、二〇一一年には、総輸入額約九〇億ドルのうち約三一％が中国からであった。なお、次はシンガポール（約二八％）、タイ（約八％）、日本（約六％）等となっている。これに対しミャンマーの最大の輸出先はタイ（二〇一一年の総輸出額約九一億ドルのうち、約四二％）であり、中国への輸出は第二位（約二四％）であった。なお、次はインド（約一一％）、シンガポール（約六％）、日本（約四％）等となっている。一九八九年から二〇一二年三月までの累積投資額では、中国が一位（約三四％）、次にタイ（約二四％）、香港（約一六％）等であった。

要人の往来が盛んであり、例えば、テイン・セイン首相（当時。現在の大統領）が二〇〇八年に二回、二〇〇九年に一回訪中し、二〇一〇年には温家宝首相がミャンマーを訪問。同年には、最高指導者であったタン・シュエ議長が訪中した。二〇一一年の民主化の開始後も、賈慶林・全国政協主席が四月に、徐才厚・人民解放軍中央軍事委員会副主席が五月にミャンマーを訪問している。他方、この頃からミャンマーの新政権は、中国以外の外国要人とも多数会うようになってきたと見られる。

テイン・セイン大統領は、二〇一一年五月末に中国を公式訪問したが、これは、同五月はじめのＡＳＥＡＮ首脳会議のためのインドネシア訪問を除けば、就任後の初の外国訪問であり、「包括的戦略的パートナーシップ」構築に合意している。

そのような中で、九月三〇日に大統領が、イラワジ川上流に中国が投資・建設するミッソン水力発電所建設案件に関し、環境や安全面につき懸念が寄せられているとして一時凍結を発表し、「中国離れ」をしようとしているのではないかと推測された。中国は反発したようであるが、その後、ミャンマーは、一〇月にワナ・マウン・ルイン外相を訪中させ、中国との関係修復を計っている。いずれにせよ、この中国建設の水力発電所案件の一時凍結は、もともと国内問題であり、この地域に住む少数民族のカチン族の反発により戦闘が発生し国軍に被害が出たこと、かかる反対運動がカチン族以外の少数民族にも飛び火する可能性があったこと、中国の援助が地元を裨益しないことに批判が出たこと、等が要因となったと見られている。

なお、ミャンマー国軍は、中国に支援されたビルマ共産党軍と戦闘経験があり、国民は、伝統的に中国に対する警戒心が強いと言われている。その上に、軍事政権下で欧米から制裁を課され、日本からのODAや投資も低調となる中で、中国に各種分野で依存度が高くなり過ぎてしまったことに対する警戒感が生じてきたとの見方がある。

(エ)インド

インドは、自由、民主主義という基本的価値観を有するという意味では、ミャンマーの軍事政権と親和性を有しなかったが、隣国であるミャンマーに対する前記のような中国の進出に対する警戒感、対抗意識もあって、積極的に進出を計ってきた。大型案件としては、インド寄りの地方であるタマンティ地域に水力発電所を建設。また、両国間の国境の道路の改修に、二五億円程度の無償資金協力を行った。カラダン川の河川航路と道路の改修を行う複合輸送建設計画を無償資金協力で実施中である。

要人の往来については、最高指導者であったタン・シュエ議長が、訪中したのと同年の二〇一〇年にインドも訪問している。民政移管後は、二〇一一年六月にクリシュナ外相がミャンマーを訪問し、同年一〇月にテイン・セイン大統領がインドを訪問。二〇一二年五月にはシン首相がミャンマーを訪問している。

(オ)ＡＳＥＡＮ

民主化の動きが開始される前のミャンマー問題に対するＡＳＥＡＮ内の対応、反応については、一党独裁制をとる国から民主主義的な国まで相当の相違があった。後者については、例えばフィリピンは、特にマルコス政権を崩壊させた革命後、民主主義や人権を尊重する姿勢を強く打ち出す傾向が強く、ミャンマーの軍事政権に対しては、アン・サン・スー・チー女史の解放等を強く主張していた。フィリピン上院が二〇〇八年に、民主主義、法の支配、人権尊重、良い統治、内政不干渉等の諸原則を盛ったＡＳＥＡＮ憲章の条約としての承認を上院で審議し始めた時には、承認を求めたアロヨ大統領自身が、スー・チー女史が解放されるまでは承認しない方がよいのではないかとのコメントを（欧米諸国向けのジェスチャーと考えられるが）出したこともあった。

これに対し、民主化の動きが本格化した後は、ＡＳＥＡＮ全体が、これを評価し、歓迎しており、ミャンマーに対する制裁措置の解除を欧米諸国によびかけてきた。同時に、二〇一一年一〇月には議長国であったインドネシアの外相がミャンマーを訪問し、民主化の実施を迫ったものと見られる。

⑶日本の対応

欧米諸国とは異なり、日本は軍事政権に制裁を課すことはせず、貿易や投資を制限するような措置はとっていない。他方、ＯＤＡの供与については、インフラ分野への供与を差し控え、基礎生活分野に限ってきたところ、更に二〇〇三年のスー・チー女史自宅軟禁再開後は、緊急性が高く真に人道的な配慮を要する案件に限ることとした。例えば、一九六〇年に日本の賠償で建設されたバルーチャン第二水力発電所の改修は、基礎生活分野にかかわるものとして日本のＯＤＡで開始されたが、二〇〇三年から中断された。

二〇一一年より、民主化・国民和解が進み始めた後は、日本はこれを評価し、更に促進するよう求め、また、一層の経済開放・市場経済化を促すこととした。そして①人的交流の分野で、ミャンマーの政府要人の訪日等を実施すること、②経済協力の分野でＯＤＡを強化すること、③経済の分野で、貿易や投資の促進を計ること、④文化交流の分野で協力を強化すること、との四項目の施策を進めることとした。

この中で、②のＯＤＡについては、緊急性を有する人道的な案件のみならず、基礎生活分野も強化するとの方針とした。即ち二〇〇三年以前の状況に戻すこととしたものである。前記のバルーチャン第二水力発電所の改修に対する無償資金援助は再開することとした。

更に、ミャンマー政府当局との間で、ODAに関する政策協議を実施することとした。また③の貿易・投資の関係で、経済ミッションを派遣することとした。④については、遺跡保護、宗教分野での交流を計ることとした（この関係では、二〇一二年六月末に文化・スポーツ交流ミッションが派遣され、八月はじめに玄葉外相に報告書が提出された）。これらに加え、二〇〇七年九月の僧侶デモの際の長井氏死亡事件の真相究明も求めることとした。

菊田外務大臣政務官が前記の方針を説明するため、二〇一一年六月末ミャンマーを訪問し、ワナ・マウン・ルイン外相と対話するとともに、スー・チー女史とも会見した。八月二二日には一九日の大統領とスー・チー女史の対話を評価する外務報道官談話、一〇月一四日には一一日の恩赦発表を評価する外務大臣談話を発表した。

経済ミッションの派遣については、以前から決まっていたものを含め、数多くの経済関連団体が九月から一二月にかけてミャンマーを訪問した。

一〇月二〇日から二二日まで、ワナ・マウン・ルイン外相の訪日が、ミャンマー外相の公式訪日としては一六年ぶりに行われた。玄葉外相からは、民主化に向けた動きが決して後退しないことを示すことが重要であり、日本は、そのような動きを力強く支援していくこと、更なる政治犯の釈放を期待すること、政党登録法の改正によりNLD等が選挙に参加できるようになることが重要であること等を述べた。人的交流については、引続き閣僚レベルを招待するとともに、ＮＬＤ関係者も政党として合法化された後、日本に来てもらいたい旨述べた。ＯＤＡについては、今後基礎生活分野を中心に支援を強化していくこと、また市場経済体制の構築を支援するとの観点から人材開発センター案件の実施に向けた調査を出来るだけ早期に行う方針であることを説明した。これに対しワナ・マウン・ルイン外相は、日本の支援に感謝するとともに、人材開発センター案件の他、ミャンマーの発展にとって貧困撲滅、農村開発、インフラ、エネルギー、人材育成等の分野や、ＭＤＧｓ（ミレニアム開発目標）の達成についても重要な課題と考えている旨述べた。

二〇一一年一一月のインドネシア・バリ島でのＡＳＥＡＮ関連サミットの際には、野田総理がテイン・セイン大統領と会談し、民主化、国民和解への取組みを評価し、日本の支援を表明。ミャンマーの総合開発調査の実施を約束するとともに、二〇一二年の東京での日メコン首脳会議の際の公式訪日を招請した。

二〇一一年一二月には、玄葉外相が外相として九年ぶりにミャンマーを訪問し、大統領、外相、スー・チー女史等と会談。前記の東京での外相会談のフォローアップを行うとともに、投資協定の交渉を開始することを提案し、同意を得た。二〇一二年一月には、枝野経産相がミャンマーを訪問し、閣僚級の経済産業対話を行い、この中で二年間で五億ドルの貿易保険を付与する方針であること等を説明した。

両国間の経済関係を促進するに当たって大きな障害となっていたのが、以前の円借款案件の返済がミャンマー側から行われていなかったことであった。このままでは、新規円借款を供与し得ないとの事情の下で、両国当局者が協議の結果、以下の結論に達し、二〇一二年四月の日メコン首脳会議にあわせて行われたテイン・セイン大統領の公式訪日の際に、両首脳から発表された。

即ち、二〇〇三年三月末以前に返済期日が到来したもの（元利合計約一千九八九億円）については、ミャンマーは超短期の商業ローンを銀行団から「ブリッジ・ローン」として借り受け、これにより日本側に債務を返済。同時に日本は、同額の円借款をプログラム・ローンとしてミャンマーに供与し、この円借款によりミャンマーは、前記の商業ローンを銀行団に返済する。この円借款はプログラム・ローンであり、インフラ建設等の特定のプロジェクトに結びつくプロジェクト・ローンではなく、被供与国の財政を支援するとともに政策に注文をつけるものであるから、両国はミャンマーがとる政策や改革について共同でモニタリングを行う、ということになった。

二〇〇三年四月以降に返済期日が到来したもの（元利合計約一千二七四億円）については、その直前に、免除することが両国間で話しあわれていたのに、同年のスー・チー女史の自宅軟禁に伴い、手続きが進められなくなっていたものであり、今般、この手続きを開始し、免除を行うこととなった。

過去二〇年程度にわたる遅延損害金約一千七六一億円については、ミャンマーの改革努力の継続を一年間にわたって共同でモニタリングした後に免除することとなった。

以上の措置により、本件未返済問題は解決し、新規の円借款を供与できるようになった。

この東京での日ミャンマー首脳会談では、日本の対ミャンマーODAの重点分野を、①国民の生活向上のための支援（少数民族や貧困層支援、農業開発、地域開発を含む）、②経済・社会を支える人材の能力向上や制度の整備のための支援（民主化推進のための支援を含む）、③持続的経済成長のために必要なインフラや制度の整備等の支援、とすることが合意され、発表された。

このように、ミャンマーが日本のODAの供与を受ける国として「普通の国」になったのと同様に、日本企業の投資先としても、東南アジアの中の大国として「普通の国」になっていくことが期待される。前記のとおり民度は高く、親日的である上、労賃が中国やタイと比して著しく低いので、製造業を中心とする投資が増加すること、また発展のために不可欠なエネルギー分野での投資が増加することが期待される。このような動きを日本政府も後押ししていくことが必要であり、日本からの投資促進に資するような形でODA

を実施していくことが益々重要となっている。前記の四月の両国間の首脳会談では、首都ヤンゴンの近郊にあるティラワ経済特別区に組み込まれる予定のティラワ港の背後地（二千四〇〇ヘクタール）のマスタープラン策定への日本の協力の意図表明がなされた。

二〇一二年一一月のカンボジアにおけるASEAN関連サミットの際には、日ミャンマー首脳会談が行われ、野田総理より、前記の四月の首脳間合意に従い、ティラワ経済特別区開発、産業人材育成・法制度整備、少数民族地域の開発を積極的に支援していく旨発言。更に、火力発電所の緊急改修、地方開発・貧困削減及びティラワ開発の三事業を念頭に、概ね五〇〇億円規模の新規円借款による支援を検討している旨表明した。また、無償資金協力と技術協力についても積極的に検討している旨伝えた。また総理は、日本からの更なる投資促進のためミャンマー側の迅速な体制整備を期待するとともに、二国間投資協定の早期合意を目指したい旨発言した。テイン・セイン大統領からは、これまでの日本の支援に謝意が表明されるとともに、今後とも日本からの支援や投資が不可欠であり、投資環境の整備とミャンマー国内の必要な体制強化に努める旨発言があった。

二〇一四年は、日ミャンマー（ビルマ）外交関係樹立六〇周年であり、あらゆる分野での関係促進が期待されている。

一一、おわりに

おわりに、二〇〇四年秋から二〇一一年初夏までの東南アジアでの在勤に基づいて筆者が抱いた問題意識、留意すべきと感じた点のうち、これまでの部分で触れなかったものや、これまでの部分で触れたが若干敷衍したい、ないし若干留保を付しておきたいと考えたものを五点ほど以下に記すこととした。それぞれ次元が異なるものであることをお許し願いたい。

なお、日中関係そのものは本書の対象ではなく、以下では直接論じないが、東南アジアと中国との関係は本書の対象の一つであり、以下のうち特に(1)から(4)までは、中国に関係するものである。なお(4)と(5)は、東南アジアだけに係わるものではないい。

(1)中国の共産党独裁体制と急速な経済成長、東南アジアにとっての魅力

日本や米欧では、中国に関しては、経済面での急速な成長とともに、政治面での共産党独裁体制の問題に関心が持たれる。これに対し東南アジアでは、中国が一党独裁体制であることに関連する側面が問題となることは、同じく一党独裁体制をとる国では無いのは勿論、その他の国においても稀であると思われる。

そもそも東南アジアでは、北ベトナムによる共産化のドミノ倒し的な伝播が懸念された

ところ、現に北ベトナムは一九七五年に南ベトナムを併呑し、ラオスの左派勢力を助けて同国も社会主義国となったが、ベトナムは一九七九年に同じ共産国の中国と戦わねばならない事態となった。その後ベトナムは、一党独裁体制を維持したまま、市場経済化と外資導入に踏み切り、一九九五年にはASEANに加盟した。一九九七年にはラオスも加盟した。このように、東南アジアにおいては、国家体制の相違が存続しながら、その相違が殆ど問題とされなくなり、経済開発に専念し、そのために地域統合、地域協力を進めることが共通の目標となっている。

確かにフィリピンの場合は、自由、民主主義、人権の尊重という基本的価値観を日米欧等と共有しているので、前記六(7)で述べたように、反体制派中国人へのノーベル平和賞授賞式への不参加が国内で大きく批判されるようなことがある。また、年配の退役軍人等に共産党嫌いが多いことは、前記六(9)で述べたとおりである。他方、南沙諸島等の問題を巡って米国との同盟関係の重要性が再認識されつつも、経済面で急速に成長する中国に魅せられる傾向も強く見られる。筆者は、在勤中に要人や知識人と随分議論したが、中国は国家体制や基本的価値観の点で自国や米国とは異質であるという点に関心がない者も結構多く、米中二つの超大国の間で如何にバランスを取っていったら良いか等の形で議論する傾向も看取された。

安倍総理が二〇一三年一月にジャカルタで発表された対ＡＳＥＡＮ外交五原則の第一番目にあるように、自由、民主主義、基本的人権等の普遍的価値の定着と拡大に向けてＡＳＥＡＮ諸国と共に努力することは、極めて重要である。同時に、開発途上国にとって最大の関心事は、経済開発である。ベトナム、インドネシア等で中国製品の輸入の増大が問題となる他は、開発途上にある東南アジア諸国にとって中国の急速な経済成長は憧憬の的であり、また、中国との経済関係の強化によって自国も裨益しようという意識が強いと見られる。勿論そのような意識は日米欧等の先進国でも強いが、開発途上国の場合、中国の急速な経済成長への憧憬は一層強いように感じられる。更に中国は、一人あたりＧＤＰからして自国は開発途上国であるとの立場を維持し、世界の大多数を占める開発途上国から共感と支持を集めるよう努めるとともに、他の開発途上国に対し独自の援助を強化していくであろうから、中国の魅力は益々大きく感じられていくであろう。

筆者は近くで見ていて、アロヨ大統領（当時）に、中国のこのような側面に魅せられる傾向が特に強いと感じていた。同大統領は、親日的であり、また親米的であったが、同時に、前記六(6)で述べたとおり頻繁に訪中しており、中国の急速な成長を尊敬と憧憬の眼差しで見てきたことが、帰国後種々の機会に話を聞く毎に看取された。

片や日本は東南アジアにおいて、長年にわたり、政府のＯＤＡと企業の直接投資等によって経済開発に大きく貢献してきた。また経済面以外においても、例えばカンボジア和平に対し多大の貢献を行ったし、現在ではミンダナオ和平への貢献につきアキノ大統領から高く評価されていることは前記三のとおりである。伝統的なパートナーである日本に対する信頼と期待は、前記九の末尾で述べたように根強い。ただ、カンボジア和平についてては日本の貢献についての記憶が希薄になってきているように感じられるし、経済面においては、国力が落ち目と見られており、日本の重要性に対する認識が相対的に低下していくのではないかと懸念される。

あらゆる意味で日本にとって重要である東南アジアにおいては、中国との関係を捨象しても、日本の重要性に対する認識が低下することは防がなければならない。その関係で、東南アジア諸国が重視しているインフラ整備、人材の育成、雇用の創出等のためには日本政府のＯＤＡと日本企業の投資が効果的であるのに、これらの実績、貢献度についての認識が現地で次第に薄れていくのではないかというのが、筆者の在勤中の懸念であった。そこで筆者は、少なくとも日本のＯＤＡで建設されたインフラ案件や各種施設については、日本が供与した事実が忘れられないよう、前記一(5)、八(4)のような広報努力を、押しつけがましいとの印象を与えないよう注意しつつ、続けた次第である。

ここで問題は、広報の対象となり得る実体が、先細りにならないかである。先ずＯＤＡについては、大幅に削減されてきた予算の回復を計る必要がある。また案件の取捨選択に当たっては、受益国の経済社会開発に資するものでなければならないことは勿論であるが、その中でも外交上の効果が大きいもの、受入れ国側で広く関心が持たれているもの、日本の援助であることが理解されやすいものに、一層の優先度を置くべきである。この点に関しては、近年、現地で大使館、ＪＩＣＡ事務所等からなる「ＯＤＡタスクフォース」が設置され、案件の取捨選択に関する現場の意見が、より効率的に取りまとめられて、東京に具申されるようになった。如何なる案件が前記の意味で効果的かは、現場がよく知っており、その意見が東京において一層重視されるようになることが期待される。

投資については、如何なる国の如何なる案件に投資するかは各企業の判断するところであるが、現地の大使館が、投資環境の改善に努める必要があり、近年この関係の活動が大使館の重要業務となってきた。フィリピンにおいては、日比ＥＰＡの発効後、同協定に基づいて、ビジネス環境の整備を計るための委員会が先方関係省庁と日本大使館等との間で設置され、筆者は在勤中、現地の日本人商工会議所、ＪＩＣＡ事務所、ＪＥＴＲＯ事務所の代表等とともにこの委員会に参加するのを重要な任務の一つとしていた。その中では例えば、進出した外国企業が投資優遇措置として免税にしてもらうべき税金を一旦納税しなければならない輸出特別区があり、還付を申請してもなかなか還付されない問題をとりあげ、閣僚レベルに対しても改善を強く求めていた。最近、フィリピン政府側が一定の是正措置を講じた由のところ、このような努力を現地で官民が連携して続けていくことが重要と考えられる。

そもそも東南アジアとの貿易・投資の関係の強化は、日本自身の経済の再生に資するものであると同時に、これら諸国における日本のプレゼンスと影響力の基礎をなすものである。日本の政府と企業の間で、ＯＤＡの活用をはじめとして、更に緊密な連携が計られていくことが期待される。

⑵愛国主義教育と「被害国」の意識

日本では、一九八九年の天安門事件以降強化された「愛国主義教育」が日本を標的とすることが問題となるが、前記一のとおり対日感情が大きく好転したフィリピンでも、「自分の村で日本軍が行った残虐な行為を想像して絵を描いて来なさい」という宿題を出す学校がある由である。これは、地方で活躍する青年海外協力隊の隊員が時々マニラに集まる際に、筆者が隊員を激励しつつ地方の状況を知るために行っていた懇談会で聞いた話である。更に、隊員が下宿している家庭の中に戦時中に旧日本軍から残虐な行為を受けた者、又はその子供等が居るケースが少なからずあり、戦時中の経験が子から孫へと語り継がれている由であった。他方これらフィリピン人は、隊員の活動と人柄を見て、戦後の日本に対する認識を大きく好転させているようであり、筆者は、隊員に心から感謝していた。

さて、フィリピンの場合には、戦時中の被害を「forgive, but not forget」、即ち「許すが忘れない」、逆に言えば「忘れないが許す」として当方の誠意ある謝罪を受け入れているのに、中国の場合はそうではないのは、前記一⑷で述べた文化の違いもあろうが、中国では共産党が統治の正統性の一つを抗日戦争に求めるからであろう。

その中国が、日本から戦前、戦中に被害を受けたアジア諸国の国民の感情に対し連携を計ろうとすることがあることに要注意である。筆者が在勤中の二〇〇九年一一月に、南京の博物館が戦時中の写真の展示会をマニラで開催する等の動きがあった。フィリピンのように甚大な被害を受けた国は多くないが、甚大な被害を受けた側は、その事実を忘れないということに、我々は留意する必要がある。日本としては、この問題に関連する謝罪、反省の念を薄めようとしているのではないかと受け取られるような措置は取らないことが肝要と思われる。

⑶ASEAN各国、ASEAN全体と域外大国との関係

中国の急速な成長は、前記⑴のとおり経済面において東南アジアにとって大きな魅力となっているが、安全保障面においては、中国の海洋への進出の問題を巡り、二〇一一年には全体として警戒感が高まり、同年秋のEAS（東アジア・サミット）で米国や日本等の他、多くのASEAN加盟国から牽制を受けた。これに対し中国は、二〇一二年には、中国寄りのカンボジアがASEAN議長国となったことを利用する等の方法により、ASEANが一枚岩で中国に対処して来ないよう努力し、相当巻き返しを計ったという印象を筆者は受ける。以上は、前記七で述べたとおりである。

この関連では、米国の関与を確保し戦略的利益を共有する諸国が連携協力していくことが肝要であるが、ASEAN各国には、中国を牽制するグループにあからさまに入った形になることには、程度の差はあれ躊躇があると思われ、各国ごとに適切な配慮が必要と思われる。

即ち、ASEAN各国は、歴史、地政学上の位置や政策が異なり、米国や中国、また日本に対して各々特有の「距離感」を持っている。この点につきフィリピンやラオスについて筆者の在勤経験に基づいて記すのが、本書の主たる目的であり、これまでの部分の大半

を占めてきたところ、筆者はフィリピンとラオス以外のＡＳＥＡＮには在勤経験はないが、これら諸国の中国、米国との関係等を横から見ていて感じたことを、大雑把ではあるが敢えて記せば、以下のとおりである。なお、これら諸国が、最近までのミャンマーを除き、長年にわたって日本と幅広く緊密な関係を有してきたことは言うまでもない。

①先ず、カンボジアの中国寄りの姿勢が、二〇一二年のＡＳＥＡＮ議長国であったことから益々目立ったが、その背景としては、同国の地政学上の位置、歴史に基づくものと言うより、援助をはじめとした中国の各種努力が奏功したものと見られる。隣国のラオスに筆者が在勤していた二〇〇四年から〇七年の間にも、中国からカンボジアに対して相当の働きかけが行われていたと思われる。詳述はしないが、筆者が関与した二〇〇七年五月のブアソン・ラオス首相の訪日の際の安倍総理との共同声明と、翌月のフンセン・カンボジア首相の訪日の際の共同声明の国連安保理改革に関する部分を比較すると、ラオスの方が明確に日本の立場を支持している。

ミャンマーは、国軍が中国に支援されたビルマ共産党軍と戦った歴史がある。また、最近の民主化の動きに伴って日本や米欧との経済関係が正常になっていく中で、中国との関係が如何に変化するかが注目される。しかし最近の民主化前は、中国に頼らざるを得ない面があったと思われる。

②逆に、筆者は中国に対する警戒心が強いのはベトナム、インドネシア、シンガポールであると見ていたところ、この中でも先ずベトナムは、千年にわたる中国の支配、一九七〇年代末の戦争、南シナ海の領有権問題等からして、最も中国に警戒心が強いと思われる。他方、一党独裁体制であるという面で親和性がある。インドネシアは、共産化の脅威への対処を背景とした一九六七年のASEAN設立に加わりつつもスカルノ大統領時代からの非同盟路線の伝統が残っていると見られる。また基本的にイスラム教の国でありイスラム圏諸国との親和度が高い。他方、そのような理念や宗教の側面よりも、力の均衡の維持の方が重要との認識を、少なくとも現ユドヨノ政権は持っているようであり、周辺地域で中国の力が支配的になるのは望ましくなく、米国、日本の関与を期待する傾向があると見られる。中国の力の進出の関係では、南沙諸島の南に位置するナツナ海の排他的経済水域に中国漁船が入ってきた際に拿捕しようとすると、中国当局が中国の海域であるとして右拿捕に強硬に対応することに大きな懸念を抱いているようである。いずれにせよ、ASEANの総人口の約四割の人口を有し天然資源も豊富であるインドネシアは、ASEANの最重要国であり、ASEAN各国が重要案件で割れないよう一体性を維持することに大きな関心を有している。シンガポールは、中国の進出への警戒心が強く米国との防衛協力も行っているが、華人系が主流を占め、中国とは経済関係を中心に深い関係があると見ら

れる。

①と②の間にあるタイ、マレーシアのうち、先ずタイについて興味深いのは、米国が、両国が加盟した一九五四年のSEATO条約（米国とともに共産圏を封じ込める趣旨の東南アジア諸国の条約）及び一九六二年のタナット外相とラスク国務長官の共同声明によって、タイに安全保障上のコミットメントを与えているとして、タイをフィリピンと同様に「主要な非NATO同盟国」と呼んでいることである。ベトナム戦争中は米国の爆撃機がタイの東北部から出撃していた。現在は、タイ国内で米国を中心とする多数国間の軍事演習が行われ、日本も参加している。二〇一二年一一月には、オバマ大統領がミャンマーを訪問（一九三ページ参照）する直前にタイを訪問した。他方、タイの対中貿易は、対日貿易とほぼ互角の重要性を有しており（二〇一一年の輸出先は、中国が一位、日本が二位。輸入元は、日本が一位、中国が二位。但し、投資は日本からのものが圧倒的）、多数の華人系タイ人が中国との関係強化への関心を強めていると見られる。いずれにせよ、伝統的に緊密な日本との関係と対中関係をバランスさせようとする傾向が強いと見られる。マレーシアについては、人口の約四分の一を占める華人系が社会で優位を占めてしまうので、マレー系を優遇する「ブミプトラ政策」をとってきたが、中国との関係は重視してきた。米国に関しては、マハティール首相の時代に米国を排除した形で東アジアの共同体を

作ろうと提案したり、マレーシア外交の特徴としてOIC（イスラム諸国会議機構）やNAM（非同盟諸国）において指導力を発揮しようとするので米国の主張・立場と対峙する傾向があるが、実務面では米国との協力関係が進んでおり、特に現ナジブ政権は、対米関係の促進に努めている。但し、南沙諸島の一部の領有権を主張する国でありながら、二〇一二年一一月のASEAN関連サミットにおいて、これらの問題を中国とだけ議論することとし国際化に反対する（即ち米国の関与に反対する）との趣旨を発言したと報じられたことは興味深い。

フィリピンについては、タイ、マレーシアと②の間で揺れ動いてきたが、次第に、南シナ海における中国の圧力の最前線に置かれ、中国に関連しては②と同様の立場を取るようになってきたところ、最近では、米国との同盟関係を強化する方向にあり、②を追い越したといったところであろう。更に、中国を牽制するために日本とも連携するとの姿勢を明らかにするようになってきている。

ラオスについては、前記八(7)で述べたとおり、米国との関係が薄い上、隣国である中国の進出が近年激しい。また中国とは一党独裁体制という親和性があるので中国寄りの対応をすることがあるが、「ベトナムの弟分」としての立場があるので、中国とベトナムの立場が異なる場合の対応は曖昧なことが多い。しかし、その要素を除くと①とタイ、マレーシアの間に位置するように思われる。以上が、筆者の在勤中のラオスの印象であるが、最近では、時々カンボジアと同程度に中国寄りの姿勢を取るようになってきたとの見方がある。いずれにせよ、ラオスはASEAN内で唯一の内陸国であり海洋の問題について関心が薄い。

ブルネイについては、二〇一三年のASEAN議長国になったところ、二〇一二年のカンボジアの中国寄りの議長ぶりと変化するかが興味深い。

前記のような各国を包含するASEAN全体については、この地域が域外大国の勢力争いの場、草刈り場にならないために一つになり、また、この地域の協力関係の中心に位置する（ASEANのcentralityを維持する）ことに拘ることを付言しておきたい。ASEANがこの「中心性」に拘ることについては、域外大国に比してASEANは弱いという意識に基づくものとも思われる。

さて、日中関係につきASEAN諸国が共通に感じていると思われる点を以下に述べたい。即ち、筆者が二〇〇四年から〇七年までラオスに在勤している間に、日本と中国がASEAN諸国を逆向きに引っ張りあう事案が二件生じた。一つは、本書の冒頭で記したとおり、国連安保理の常任理事国入りを目指すG４決議案に関するものであり、他の一つは、前記九⑸で述べたとおり、ＥＡＳ（東アジア・サミット）の参加国の範囲に関するものであった。

このような場合に、ＡＳＥＡＮ諸国は、各案件についての自国の国益を考えながら対処していく訳であり、またＥＡＳにＡＳＥＡＮプラス日中韓のみならず豪州、ニュージーランド、インドも入れるべきことは、日本だけの主張ではなく、ＡＳＥＡＮの中で中国への警戒心が強い諸国の主張でもあったが、一般的に言って、日中から反対方向に引っ張られ「股裂き」となることを嫌う傾向が看取された。

ところが、二〇〇六年秋の安倍総理の訪中によって日中関係が改善すると、ＡＳＥＡＮ諸国は、ＡＳＥＡＮに対する日中の関心が薄くなるのではないかと懸念した節がある。「日中関係が悪くなって『股裂き』になる事態は繰り返したくないが、逆に日中が両国関係の改善に熱心になるあまりＡＳＥＡＮのことを忘れては困る。日中が適度にライバル関係にあることを利用して、日中それぞれから関心ないし援助を引き出すのが得策である」という意識がＡＳＥＡＮ内にあるように思われた。この点については、筆者が在勤中に時々懇談していた中国大使も、全く同様に観察しているとして苦笑していた。

なお、日中関係が悪化し、日本企業が中国に進出させた工場を中国以外に移転しようと考えるような状況が生じると、自国への移転を歓迎したいとする傾向がフィリピン等では出てくるものであるが、だからと言って、日中関係の悪化が期待されている訳ではない。

いずれにせよ、日本がASEAN各国において、中国を共に牽制したい等と公言するのは適当とは思われない。安倍総理が二〇一三年一月にジャカルタで発表された対ASEAN外交五原則の第二番目に、海洋については「力」ではなく「法」が支配すべきであり、これをASEAN諸国とともに全力で守るとの趣旨が述べられているところ、海洋についても、また他の国際関係に関しても、力ではなく国際法が支配すべきことは普遍的原則であり、これは、特定国を牽制したり封じ込めようとしたりする趣旨のものではないと筆者は理解する。

今後とも、日本は中国の進出と関係なく、ASEAN各国との関係の強化、深化に努めるとの立場を維持するとともに、ASEANの友人に対し、日本としては中国との間で戦略的互恵関係を構築していきたいと真摯に考えていると説明するのが適当と考える。このことと、例えば尖閣諸島に関する日本の立場をASEANの友人にしっかりと説明することとの間で齟齬が生ずることは、全くないと思われる。

中国を含めた関係諸国の協力強化を日本が提案することも重要であり、その意味で、二〇一二年一〇月五日にマニラにおいて、「ASEAN海洋フォーラム（AMF）拡大会合」が開催されたのは有意義であった。この拡大会合は、二〇一一年一一月のEAS（東アジア・サミット）において、野田総理から、海洋における協力のあり方を議論する場をEAS参加国間で設けることが重要であるとの提案が行われたことを受けて、ASEANが、既存の「ASEAN海洋フォーラム」にASEAN以外のEAS参加国、即ち、日中韓、豪州、ニュージーランド、インド、米国、ロシアを交えて拡大会合を開催したものである。二〇一二年一一月のASEAN関連首脳会議の際には、日本提案による同会合の開催が歓迎され、翌年も続けられるべきことが、EASの議長声明等で言及されている。

⑷円借款のアンタイドと中国

どの国も自国の利益を最大化するよう努力することは当然であるが、とりわけ中国の場合、その巨大さと急速な台頭、更に独特の国家体制の故に、国際社会と協調した形で発展してくれるかに多大の関心が持たれている。「中国に、国際ルールを遵守する責任あるステークホールダーとなることを求める」との方針は、対中国政策の基本の一つであり、例えば、貿易面でのWTOのルール等は、加盟した以上、遵守してもらわねばならないのは当然である。

またOECD諸国が作ったルールであっても、中国にも遵守してもらうことが国際ルールの公正さの観点から適切なものについては、遵守するよう説得すべきである。この関係で、筆者がラオス、フィリピン在勤中に抱いていた問題意識を以下に述べたい。即ち、中国の援助は、我々がODAを供与する際の基準等と相当乖離しており、例えば自国の借款案件をアンタイドにしておらず、中国企業にしか受注させない。というよりも、中国企業の間の競争入札すら行われていないと見られる。これに対し、日本の円借款のようなODAの借款案件の入札は、原則として（即ち借款供与国にしかない技術を必要とするような特別借款案件を除き）アンタイドとすべきことが、援助国の政策調整を行っているOECDのDAC（開発援助委員会）で決まっている。アンタイドである日本の円借款案件については、フィリピン等では、価格競争力が落ちてきた日本企業がなかなか落札できず、中国系の企業が落札することが多いこともあり、中国も借款案件をアンタイドとするよう説得すべきである。ここで仮に中国が自国の借款案件の入札をアンタイドとすることに同意しても、価格競争力が落ちてきた日本企業は落札できないかもしれないが、そもそも中国は、OECD諸国が中国と協議なしに作ったルールに従わねばならない理由はないとしてアンタイド化に応じない可能性が高い。その場合、国際ルールの公正さの観点からして、日本の円借款の入札のアンタイドを、中国のように自国の借款をタイドのままとする国の企業にも均霑し続けることが適切かが問われることとなるのではないかと筆者は考える。なお、このことは中国だけに言えることではなく、最近になって他国に借款を供与することとなりながら、その借款案件の入札をアンタイドにしない国にも、同様にあてはまる。特に韓国については、先進国入りし、ＯＥＣＤ・ＤＡＣに加入したのであるから、自国が供与する借款のアンタイド化は早急に実施してもらわねばならないと考える。

⑸尊敬と好感の維持・強化、文化外交の重要性

外交問題というと、早急に交渉して解決すべき案件の帰趨が報じられることが多い。しかし、どの国に対しても、必要になった時に急に協力を求めたり交渉したりしても、十分な成果を得ることは困難である。平素から相手国の政府や議会において有力者、担当者と信頼関係を構築しておくことが不可欠であり、このために現地に常駐する大使館が果たすべき役割は大きい。更に、相手国政府や議会は国内世論を勘案するので、相手国世論において、ひいては国際社会全体において、日本に対する尊敬と好感を維持・強化しておくことが肝要である。また日本に対する尊敬と好感の維持・強化は、外交面のみならず、日本

の製品の外国への売り込み、外国人観光客の誘致といった経済上の利益を追求する面でも、良い効果を発揮しよう。なおこの点では、優れた日本の製品、あるいは日本への観光が、日本への尊敬と好感に繋がるとの逆の関係もあろう。

いずれにせよ、日本は二〇一〇年にGDPで中国に追い越され、今後も、世界の中での日本のGDPのシェアーは、残念ながら低下する傾向にある。そのような中で日本が国際社会の中で影響力とプレゼンスを維持・強化していくためには、先端的な技術を開発する国としての地位を確保する等の経済・技術面での努力の他に、尊敬され好感を持たれる国としての地位を維持し向上させていく努力も強化すべきではないであろうか。

ここで、日本の国際社会における評価は、中国、韓国におけるものを除いて、幸いにして良好である。前記一(2)でも述べたとおり、二〇一二年春のBBCの国際世論調査では、その影響力を肯定的に評価される国として首位に立った。確かに最近では、日本の同盟国である米国においてさえ、アジアにおいてどの国が一番重要かとの世論調査をすれば、中国の方が日本を上回る回答を得ている。しかし、それは、益々巨大化する市場としての側面、あるいは、「中国は米国と主義主張や利益を異にするところ、イラン問題やシリア問題等につき安保理で拒否権を持っているので説得に努めなければならない」、「北朝鮮を動かせるのは中国しか居ない」といった必要性の観点から重要と考えている側面が強いのであって、日本よりも中国に対して好感をもっている訳ではないであろう。前記一(2)で述べたとおり、米国を含む世界の殆どの国における世論調査において、中国よりも日本の方が相当好感を持たれているのである。

ここで日本への尊敬と好感の維持・強化のためには、先ず日本に対して良い意味での関心をもってもらう必要があるが、外交の現場では、日本食、生け花等、日本固有の文化が果たす役割が大きい。最近では、漫画やポップカルチャーも大きな役割を果たしている。しかし筆者は、二〇〇五年に日本とラオスが外交関係設立五〇周年を迎えた時に、日本の着物のショーをビエンチャンで行うために、外務省関係の予算が不足する中で、必要な費用を確保するのに苦労したことがあった。ラオスは民族衣裳が素晴らしく、日本の着物のショーとの競演は、五〇周年祝賀行事にふさわしいと考えた次第であり、何とか実現に漕ぎつけ、ラオスのテレビ局も主要部分を全国放送してくれたが、この種の予算の逼迫には危機感を覚えた。

そのような日本文化の中でも果たす役割が大きいのは、日本語である。世界各国において日本語を理解できる者の層を少しでも厚くしておく必要があるし、そもそも外国語に関心をもち、ある程度習得したものは、その外国語の国の「シンパ」になる傾向が強い。その意味で、例えばフィリピンにおいては、中国が「孔子学院」を増設しているのに対して、日本語教育拡充の予算が逼迫していることは、残念であった。

最近周辺国が日本に対して強硬な措置をとることに躊躇しない傾向が出てきているが、その一因が、日本の国力が落ちていることにあるのは事実であろう。その意味で、国力の回復こそが外交にとっても重要であり、そのために必要な日本の経済的利益の増進のために、経済連携協定の交渉にせよ、インフラの輸出にせよ、引続き外交を動員すべきである。同時に、国力が落ちている中にあっても、国際社会での影響力・プレゼンスの低下を食い止め、向上させる必要があり、そのための努力が世界各地において現場に展開する関係者の知見、経験、アイディアを活かして継続・強化されることを心から期待したい。また、そのような努力を予算面で支えるべく、ＯＤＡの大幅削減や文化外交予算の逼迫の状況が改善されることを強く期待したい。

あとがき

本書の大半は、筆者がフィリピン、ラオスに在勤する中で得た体験、知識に基づいて記したものであり、本書に「フィリピン、ラオスの現場から」との副題を添えたのは、そのためである。この部分では、筆者がかかわった外交努力の一部を記させて頂いたところ、この関係で、筆者と同時期に在勤し苦労を分かち合ってくれた大使館員全員に、心から感謝申し上げたい。なお、この部分では、自分が知り得たことをそのまま記すことを心がけたが、登場するフィリピン要人の実名を伏せざるを得なかった個所等があることをご理解頂きたい。

さて本書には、二〇一一年初夏の帰国、退官後に東京からフォローし、学んだ諸点を加えた部分もある。事実関係を整理し紹介した部分もあれば、分析・評価や意見を記した部分もある。いずれにせよ、前記のとおりフィリピンやラオスに関する言及が大半を占め、他のＡＳＥＡＮ諸国に対する言及は、一つの章を設けたミャンマーを除いて少ない。

そのような本書の出版を引き受けて下さった、かまくら春秋社に深く御礼申し上げたい。特に、担当の田中愛子様には大変お世話になった。

外務省の担当者には、筆者が在勤中から蓄積してきた各種データの更新、事実関係のチェック等につき、親切に御協力頂いた。関係国の在京大使館の担当者にも、同様に御協力頂いた。個人名を挙げることは差し控えるが、心から感謝申し上げたい。

本書が、フィリピン、ラオスをはじめとする東南アジアを理解する上で、更に、中国が急進する中で東南アジアとの関係を如何にしたらよいかを考える上で、何がしかの参考になることができれば、幸甚である。

桂　誠

平成二五年四月

桂　誠（かつら・まこと）

1948年神奈川県生まれ。東京大学法学部で学び1971年外務省入省。欧亜局ソ連課首席事務官、国際連合局軍縮課長、欧亜局西欧第一課長等を務めた後、フランス、フィリピン、ジュネーブ（国際機関代表部）で参事官、公使を務めた。2004年9月から駐ラオス、2007年9月から駐フィリピンの特命全権大使として東南アジアに6年半あまり在勤。2011年5月に退官。

中国が急進する中での日本の東南アジア外交
―フィリピン、ラオスの現場から―

著者　桂　誠
発行者　伊藤玄二郎
発行所　かまくら春秋社
鎌倉市小町二―一四―七
電話〇四六七(二五)二八六四
印刷所　ケイアール
平成二五年五月一七日　発行

ISBN978-4-7740-0597-3 C0036